아이들아 네 꿈은 무엇이니?

김영옥 지음

INNER BOOKS
이·너·북·스

머리말

대학에서 강의를 시작한 것이 1980년 3월이니 어느덧 제법 많은 시간이 흘렀다. 누구나 그렇겠지만 까마득히 먼 일 같던 일이 지금 이 시점에 서서 생각하니 잠시에 불과했던 시간처럼 느껴진다. 그러나 이 '잠시'의 순간을 자세히 들여다보면 그 안에 굴곡을 넘나드는 수많은 이야기가 엮여 있으며, 그 순간을 하나하나 거쳐 오는 동안 나의 어설픈 생각도 조금씩 다듬어지게 되었다. 이런 생각의 다듬질 속에는 늘 어린아이들이 가까이 있었다.

아이들이 놀고 있는 모습은 멀리서 그저 바라만 보아도 언덕 아래 고향집을 응시하듯 정겹다. 좀 더 가까이 다가가 보면 그들 나름의 작은 세상이 보이고, 그 세상 안으로 들어가면 인간 삶의 희로애락이 바로 그곳에서 시작되고 있음을 알 수 있다. 또한 우리 어른들이 살아가는 모습이 고스란히 녹아 있음도 느껴진다. 아이들의 세계는 우리와 별 다름없는 작은 세상을 이루고 있는 듯하지만 결코 우리의 축소판 그대로는 아니다. 아이들 나름대로의 지식과 정보 그리고 독특한 느낌과 생각과 판단으로 이루어진 또 하나의 세계이다.

“이것 좀 읽어 주세요.” “저것 좀 해 주세요.”

“그래그래 조금만 기다려라.”

“지금은 바쁘니까.” “지금은 바쁘니까 나중에 놀아 줄게.”

“다음에는 서점에도 함께 가자.”

조금씩 조금씩 미룬다. 그러는 사이에 아이는 이미 커 버리고 만다.

시간은 그렇게 흘러서 아이는 어느덧 동화책을 읽어 주거나 함께 놀아 줄 필요도 없이 커 버릴 것이다. 시간은 다시 되돌릴 수 없으며 놀아 달라 조르던 시절로 결코 되돌아갈 수도 없다. 아이와 함께할 수 있는 시간은 바로 지금이다. 그래서 우리는 ‘어린이 그의 이름은 오늘’ 이라고 말하기도 한다.

아이들은 무슨 생각을 하나? 아이들은 어떤 존재인가? 그리고 무엇이 진정 아이들을 위한 교육인가? 또 잘 가르친다는 것은 어떤 것인가?

어린이(child), 교육(education), 교수-학습(teaching and learning)이라는 세 가지 화두와의 다양한 만남과 관계 속에서 엮인 시간들……. 관계는 어느 날 갑자기 이루어지는 것이 아니라, 성실과 정성이라는 벽돌로 하나씩 쌓아 가는 것이라고 믿는다. 때때로 무너지지 않도록 보살피며 아량과 포용으로 충실히 쌓을 때 더욱 견고해지는 것이다. "간곡한 마음이 있으면 성실하게 되고, 성실하면 나타나고, 나타나면 뚜렷해지고, 뚜렷해지면 밝아지며, 밝아지면 움직이고, 움직이면 변하며, 변하면 결국 남을 교화시킨다."라는 중용 23장의 구절을 떠올려 본다. 돌이켜 생각해 보면 나를 둘러싼 관계 속에서 여러 가지 일로 늘 숨가쁜 시간을 보낸 것 같다. 이렇게 나를 찾아온 일들과 만나고 부딪칠 수 있었기에 내 자신을 돌아보고 바라보는 기회를 가질 수 있었다.

배우고 가르치는 길, 가르치고 배우는 길고 먼 여정 속에 나는 형용할 수 없이 많은 은혜를 입었다. 최선을 다하고자 했던 순간순간은 결국 나 스스로를 찾아가는 시간이었으며, 또한 많은 사람과의 만남과 대화 가운데 스스로 성장할 수 있었다. 내 생각을 다듬고 키우는 데 도움을 주신 가족과 은사님, 학생들, 선후배 동료 교수들께 깊은 감사를 드린다.

이러한 만남과 대화의 여정에서, 나는 1992년에 『대답을 기다리자』라는 책을 출간했다. 광주 MBC 박동찬 국장님이 진행하시던 라디오 FM모닝쇼의 유아교육 코너에서 3년 동안 방송된 내용을 엮은 책이다.

이후의 생각을 모아 5년 뒤 낸 책은 『아이들의 생각에 날개를 달아주자』였다. 언젠가 더 좋은 책을 출간할 수 있기를 기대하며……. 그러나 그것은 욕심에 불과하였다. 그저 지금까지 그래왔듯이 한 학기가 시작되는 이른 봄부터 여름, 가을, 겨울을 지나 다시 한 학기를 맞이하는 계절을 지내며, 만남과 대화가 이어지는 과정에서 하나의 작은 단락을 짓고 다시 출발한다고 생각하니 마음이 한결 편안해진다. 나는 어떤 생각을 해왔는가? 다만 『아이들의 생각에 날개를 달아주자』 이후의 글들을 모아 내 자신을 반추해 보며 스스로를 다지는 데 작은 의미를 부여하고자 한다. 바쁘다고 해서 의미 있는 일을 하지 않으면 바쁜 것에 아무런 의미가 없다고 하지 않았던가!

오랜 시간 『대답을 기다리자』와 『아이들의 생각에 날개를 달아주자』를 아껴 주신 분들께 감사드린다. 그리고 무엇인가를 생각하도록 자극과 동기를 준 많은 분의 덕택이었음을 기억한다. 계몽사, 선경, 프뢰벨, 광주일보, 광주MBC, 아이코리아(前 새세대 육영회), 서울시보육정보센터, 아이세상, 월간유아, (주)영교, 한국안데르센, 월간유아정보의 여러 기자와 편집자께도 감사드린다. 때때로 원고 마감시간에 속을 태우게 한 일이 슬그머니 미안해진다.

내 크고 작은 생각의 무늬들이 유아교육을 전공하는 후배들, 학생들, 현장의 선생님들과 부모님들께 어린이를 이해하는 데 유용하게 활용되고, 우리가 교육의 길을 함께 가는 데 서로에게 조금이나마 도움이 되기를 바란다. 원고 정리에 도움을 준 최정희 선생님, 김강희 선생님, 박미자 선생님 그리고 대학

원생 이규림에게도 고마움을 전하며, 학지사 사장님과 편집부
가족들께도 진심으로 감사를 드린다.

　끝으로, 지난 겨울 세상을 떠나신 아버님(김종철, 南淵 金鍾喆)
께 이 작은 결실을 바칩니다.

2007년 1월

저자 김 영 옥

차 례

IV. 겨울에 자라는 생각나무 …141

V. 유아교육의 이해와 지평 … 191

I

봄의 뜰에서 열린 대화를

대화란 우선 마음의 문을 여는 것으로 시작되며
일상의 일에서부터 얼마든지 가능하다…….
집 안에 있는 조그만 뜰이나 베란다의 키 작은 화분에서도,
가족끼리의 산보나 나들이 길에서도 오늘 하루 봄을 발견하고
대화를 나눌 수 있는 소재는 무궁무진할 것이다.

01. 나도 할 수 있어요

"자, 빨리 와라. 돌아다니지 말고." 엄마는 천방지축인 아이를 붙들어다 인형처럼 옷을 벌려 들고 입힌다. 지퍼를 올리고, 단추를 잠그고, 위로 아래로 올리고 내리고, 몸을 구부렸다 폈다 하면서 힘들게 입힌다. 이때 아이는 다른 곳을 보거나 장난을 하기 마련이다. 엄마는 "한눈 좀 팔지 마라. 가만히 있어야 옷을 입히지."라는 말을 입버릇처럼 하게 된다.

이번에는 아이가 신발을 신으려고 현관에 나선다. 엄마는 아이 앞에 나가 신발을 들이밀며 아이 발을 가져다 넣고 얼른 끈을 조인다. 세 살배기 아이의 신발을 재빠르게 신겨 주려면 진땀이 난다. 그리고 재촉해서 현관을 나간다.

엄마에게는 숨가쁜 시간이지만 아이에게는 그야말로 할 일 없는 시간인 동시에 딴전 피운다고 야단만 맞는 귀찮은 시간이다. 지퍼를 올리는 일, 단추를 끼우는 일, 옷을 올리고 내리는 일, 신발 신고 조이는 일 모두 아이가 해볼 기회는 없다. 옷 입고 신발 신는 동안 할 일이 없는 아이는 당연히 한 눈을 팔게 마련이다.

서툴거나 하다가 틀리더라도 한 가지씩 아이가 할 수 있는 일을 맡겨 보자. 큰 일을 맡기는 것이 아니라 지퍼를 올리는 일에서, 팔 한 짝을 끼우는 일에서 아이가 하도록 지켜봐 주는 인내가 시작되어야 한다. 아이는 이때 '나도 할 수 있다. 하니까 된다.' 라는 경험을 하게 된다. 물론 손가락을 사용하여 소근육을 활용하는 경험이 이루어지는 것은 두말할 것도 없다.

자신에 대한 긍정적 생각은 '나도 할 수 있으며, 나도 잘할 수 있다.' 라는 생각이다. 이렇게 긍정적 생각을 통해 '나도 꽤 괜찮은 사람이다.' 라는 느낌을 갖게 된다. 아이가 조금만 노력하면 더 잘할 수 있다고 느낄 때, 조금 힘들지만 '해냈구나' 하는 기쁨을 맛볼 때 바로 신나는 노력으로 동기화되는 것이다.

아이는 자신에 대해 긍정적으로 생각하고 자신감과 안정감을 갖게 될 때 비로소 자기가 하고 싶은 일도 계획할 수 있으며 생활이 즐거워진다. 자신을 믿고 존중하며 사랑하기 때문에 다른 사람과의 관계도 원만하게 유지할 수 있는 것이다.

02. 쓰고 난 **물건**을 제자리에

"**치**워라 치워. 이게 뭐니? 원, 세상에……." 방과 거실 등, 사방에 흩어져 있는 장난감과 물건들을 보고 엄마는 아이를 다그친다. "자기 물건은 언제나 자기가 정리하는 거야." 하고 타이르기도 한다. "이걸 나 혼자 다 치워요?" "그럼, 네가 어지럽힌 걸 네가 치워야지!" 엄마는 정리정돈을 강조하지만 사실 아이에게는 심란하고 엄두가 나지 않는 노릇이다.

겨우 한두 개 치우다가 도망가거나 "이건 어디에다 놓아요? 이것은요?" 하고 하나씩 묻는 통에 아예 치워 주는 것이 낫다고 생각할 때도 생긴다. 놀 때는 이것저것 꺼내고 뒤집으며 신나게 놀았지만, 막상 치우려면 무엇부터 어떻게 손대야 할지 막막하기 짝이 없다.

이때, "책만 찾아서 책꽂이에 꽂아 보자. 자, 이번에는 자동차만 골라서 상자에 담자.” 하고 큰 덩어리로 분류하여 정리해 본다. 색깔별로 책 바구니, 자동차 바구니, 인형 바구니를 구별하여 준비해 주면 훨씬 쉬워진다. 어디에다 넣어야 할지 모르는 것만 따로 담을 수 있는 바구니나 상자를 여유 있게 첨가해도 좋을 것이다.

큰 덩어리로 분류하여 담게 되면 아이도 일을 잘 했다는 성취감을 느끼게 된다. 선반 위에도 물건을 놓아야 할 자리에 인형그림이나 ‘인형’ 이라고 쓴 스티커를 붙여 놓으면 훨씬 쉽게 그 자리를 찾을 수 있다. 제자리가 어딘지를 아는 일이 그리 어렵지 않다면 보다 재미있게 치우는 습관을 길러 줄 수 있다.

또 여러 종류의 장난감을 분류해서 보관한 뒤 주기적으로 바꾸어서 내놓는 것도 좋은 방법이다. 아이들은 지난달 가지고 놀았던 장난감이 한동안 보이지 않다가 다시 눈에 보이면 새로운 장난감을 보듯 놀이에 열중하게 되고, 그것을 정리하는 데에도 성의를 보이게 된다.

03. 우리 가족의 **문화유산**

창문을 열어 보면 얼마 전까지만 해도 싸늘하게만 느껴지던 바람결에 제법 봄소식을 담은 훈풍이 섞여 들어온다. 겨울 내내 닫아 두었던 아이들의 방도 창문을 열고, 커튼을 젖히고 어지럽혀진 책꽂이를 정돈한다. 흐트러진 책, 놀잇감 그리고 여기저기 내걸린 겨울옷을 정리하다 보면 "치워라. 좀 정리를 해야지." 하고 으레 잔소리도 나오기 마련이다.

방이나 책상을 함께 치우다 보면, 엄마로서는 소중히 생각되는 물건이지만 아이가 아무렇게나 소홀히 대하는 것도 발견하게 된다. 할아버지, 할머니께서 주셨거나 귀하게 물려받은 물건이라서 잘 쓰도록 손에 쥐어 주었건만 방구석에 먼지가 수북이 쌓인 채로 눈에 띄기 일쑤이다. "이렇게 두다니, 이게 얼마나 좋은 것인데……." 이처럼 야단도 치고 푸념도 늘어놓다가 다시 청소하기에만 바쁘다.

그러나 이때 의자에 걸터앉아 그중 한 가지 것에 대해서라도 차분히 이야기를 나누어 보자. 이 물건이 어떻게 해서 우리 집에 오게 되었는지, 또 손님이 선물을 주신 경우나 할머니가 이 물건을 주시게 된 사연을 자세히 얘기해 보자. 엄마의 머릿속에만 가득 차 있는 사연을 일방적으로 설명하기보다는 그 사연을 풀어서 아이에게 건네 보는 일이 필요한 것이다.

청소하던 손을 잠시 멈추어 보자. 새봄맞이를 위해 빨리빨리 정리해야 할 일, 쌓인 집안일이 밀려서 바쁜 마음을 잠시 붙들어 보자. 창밖에서부터 봄 내음이 가슴으로 들어오는 것을 서서히 느껴 보자. 그리고 이 조그만 물건의 지나온 내력, 아껴 온 사연을 차근차근 얘기해 준다면 아이는 하찮은 물건이라도 보다 아끼고 정리하며 간직할 것이다. 그리고 그것이 바로 우리 가족의 소중한 문화유산임을 알게 될 것이다.

04. 봄의 뜰에서 열린 대화를

봄이 어느덧 우리 곁에 깊숙이 다가왔다. 긴 겨울에서 깨어나는 봄기운의 강한 생명력과 함께 아이들에게는 새학기가 시작되거나 또 다른 환경에 적응해야 하는 시기이기 때문에 부모의 마음은 사실 그 어느 때보다도 바빠진다. 일상에서 보면 아직도 마냥 어린아이인 듯하면서도 마음속을 들여다보면 아이는 어느새 훌쩍 커버린 모습을 보여 주기도 한다.

아이들과의 대화는 이러한 삶의 성장을 보다 가깝게 느끼도록 해 준다. 우리는 대화가 중요하다고 말하며 닫힌 대화보다는 열린 대화를 해야 한다는 말을 자주 하고 있다. "TV 꺼라." "혼난다."와 같이 일방적이거나 답이 정해져 있는 질문이 닫힌 대화라면, 열린 대화는 적어도 아이가 대답할 수 있는 기회를 주는 것을 말한다.

우리는 늘 대화하며 살고 있지만 열린 대화를 한다는 것이 그리 쉬운 일은 아니다. 또 모처럼 대화를 나누어야겠다고 마음먹어도 습관에 젖어 버린 탓에 얼른 마음의 문을 닫아 버리기가 일쑤이다. 닫힌 대화를 하다 보면 즉각적인 반응을 기대하므로 여유가 없고 조급해지며, 따라서 거칠어지기 마련이다.

실로 열린 대화란, 말끝만 열어서 "너는 어떻게 생각하니?" 하고 무작정 묻는다고 해서 이루어지는 것이 아니다. 또한 갑자기 "마음대로 말해 봐." "무엇이든지 괜찮아." 등 모든 것을 수용하겠다는 자세를 보인다고 해서 가능한 것도 아니다.

대화의 문을 열어 놓는다는 것은 비록 아무도 들어오고 나가지 않는다 할지라도, 드나들 수 있는 가능성과 기회가 주어졌다는 점에서 닫힌 문과는 다르다. 선택권이 아이에게 있다는 것은 아이 마음대로 하도록 두는 게 아니라 선택할 수 있는 기회와 여유를 준다는 의미이다. 할 수 없이 이것을 하는 것이 아니라 이것과 저것 중 하나를 선택하는 것이기도 하다.

개나리나 진달래가 만발한 광경을 보고 아이에게 말한다. "참 예쁜 꽃이다. 너는 꽃을 보면 어떤 생각이 드니?" 모처럼 대화를 하고 싶은 부모는 잔뜩 기대하고 묻는다. "꽃 생각이 나요." "아니 겨우 꽃 생각이란 말이니!" 웃고 있는 공주 모습이라든지, 노란색 개나리니까 적어도 노란 병아리 생각이라도 할 것을 성급히 기대하고 추궁하면 대화는 실패하기 마련이다. "그래, 꽃이 생각나는구나!" "개나리 꽃이지?" 인내를 가지고

"기분이 어떠니? 어떤 생각이 드니?"와 같은 말을 다시 건네 본다. "좋아요." "좋은 생각이 나요." 이번에도 왠지 성의 없어 보이는 단순한 표현에 실망하지 말자. 꽃을 보고 자연의 아름 다움을 느끼는 것과 이를 언어로 표현하는 것은 별개이다. "꽃 이 예쁘다. 그렇지?" 하면 "예."라는 대답 이외에 별 선택권이 없다. 그러나 "꽃이 예쁘구나! 너는 어떤 생각이 드니?" 하는 것은 적어도 대답의 기회를 열어 놓는다.

대화란 우선 이렇게 마음의 문을 여는 것으로 시작되며 일 상의 작은 일에서부터 얼마든지 가능하다. 그러나 문을 열어 놓았다고 해서 대화가 바로 술술 풀어지는 것은 아니다. 알이 깨어나기 위해서는 깨어나리라는 가능성을 기대하며 적어도 그 알을 껴안고 기다리는 부화의 시간이나 배양의 과정이 필요 하다.

아이는 꽃을 보면서 '좋은 마음'이 든다고 했다. 막연한 마 음에 답답한 나머지 "신기한 마음이 들지? 아름다운 마음이 들 지?" 하고 지나치게 고치려 들지 말자. 작은 것에 신경을 쓰다 보면 대화는 곧 단절되고 만다. 기차여행 중에 모든 간이역마 다 정차하다 보면 깊이 있는 여정의 흐름이 깨어지는 이치와 같다.

대공원에 데려 가고 먹고 싶은 것을 사 주며 실컷 구경시켜 주었다고 해서 대화를 한 것은 아니다. 차 타고 늦지 않게 서둘 러 가서, 입장권 사고, 줄 서고 타기에 바빠서 쫓아다니다가 지

쳐 돌아와서는, 아이를 위해 놀아 준 하루에 가슴 뿌듯해 하는
것도 열린 대화를 했다고 볼 수는 없다. 집안에 있는 조그만 뜰
이나 베란다의 키 작은 화분에서도, 가족끼리의 산보나 나들이
길에서도 오늘 하루 봄을 발견하고 대화를 나눌 수 있는 소재
는 무궁무진할 것이다.

05. 아이와 함께 길거리 여행을 떠나자

오월과 유월은 가장 더운 시기이다. 옛말에 '오뉴월 더위에는 암소 뿔이 무른다' 고 하였다. 또한 짧은 시간 동안이라도 벼가 자라는 정도의 차이가 심하다며 '오뉴월 하루 볕이 다르다' 고 하였다. 화사하게 내리쬐는 햇볕 속에 만발한 장미꽃이 눈부신 계절이기도 하다. 여기저기서 문화행사도 많이 열리며 미국에서는 대개 5월에 졸업식을 하고, 6월에 결혼하는 신부가 많다 하여 '6월의 신부(June Bride)' 라는 말을 즐겨 쓰기도 한다. 계절의 여왕이라 부르는 이 아름다운 계절에 아이와 손을 잡고 밖으로 나와 거리를 걸어 보자.

시간이 허락한다면 근교의 한적한 곳을 다녀 보아도 좋고 사람이 그리 많지 않은 시간에 지하철이나 버스를 타고 종점까지 갔다가 되돌아 올 수도 있다. 버스 안에서는 다양한 사람들이 타고 내리는 동안 많은 것을 보고 듣게 될 것이며, 우연한 것에 호기심을 갖게 될 수도 있다.

뜻밖에 재미있는 대회나 장터를 만날 수도 있고, 아이들이 삼삼오오 모여 신나게 내기하는 모습을 만난다면 그곳에서 내려도 좋을 것이다. 지나치는 정거장의 이름을 보면서 길거리 이름을 알아두어도 좋고 창밖으로 보이는 많은 광경은 충분한 이야깃거리가 되고도 남는다.

버스정류장마다 앉아서 기다릴 수 있는 의자를 설치해 놓은 것도 눈에 띌 것이다. 걸음아 나 살려라 하며 뛰어가는 아저씨도, 지팡이에 겨우 몸을 의지하고 가시는 할아버지도, 뒤뚱뒤뚱 걸어가는 아기의 모습도 모두 길거리 여행에서 볼 수 있는 광경이다.

호떡을 열심히 뒤집는 아주머니, 광주리를 이고 가는 할머니, 멋을 한껏 내고 걸어가는 누나와 언니들도 보일 것이다. 버스를 타고 가면서 보았던 광경을 종이 한 장에 긁적거려 놓는 것도 훌륭한 기록이다. 낙서장과도 같은 종이지만 날짜를 쓰고 '엄마와 함께 ○○번 버스를 타고' 라고 기록하도록 해 보자.

오뉴월 하루 볕이 무섭다 하지 않던가! 오늘 하루 보았던 많은 것들이 아이 마음속에 쌓여 농촌 들판의 벼처럼 무르익어 갈 것이다. 또한 짧은 버스 여행이나 길거리 여행에서 얻은 생각을 긁적거려 놓은 종이쪽지는 먼 훗날 소중한 추억이 될 것이다. 어디 '걸리버 여행기' 가 따로 있겠는가!

06. 보이는 것은 다 사고 싶어요

만화 영화를 보던 아이가 큰 소리로 말했다. "엄마 나도 저런 모자 사 주세요." "어떤 모자?" "저런 거요" "너 모자 많잖아?" 엄마는 여러 개의 모자를 들먹이며 이것도 저것도 있지 않느냐고 말했다. "세일러문 그림이 있는 모자는 없잖아요."

"다 똑같은 거야." 하고 아무리 설명해도 "이쪽이 이렇게 생긴 모자는 없잖아요." 하면서 다른 점을 용케도 잘 찾아낸다. 만 3~4세 정도의 유아들은 모양과 색깔이 다른 것에 특히 민감하기 마련이다. 저렇게 똑같은 모자를 당장 내놓으라고 졸라 대는가 하면 성질 급한 남자 아이는 계속 쫓아다니며 칭얼대고 짜증을 내기도 한다. 엄마는 마지못해 "내일 사 줄게. 일요일에 사 줄게." 하고 기약 없는 약속을 하기도 하며 "이번만 사 준다. 다음부터는 그러면 안 돼!" 하고 다짐을 받기도 한다.

지키지 못할 약속을 하기 싫은 부모는 "봐서 사 준다."와 같은 애매모호한 대답을 하거나 '이번만'이라고 위안을 삼으며 사 주기도 한다. 그러다 보면 항상 물건을 사게 되는 절차가 비슷해지고 필요 없는 물건을 사는 일도 많아진다.

합리적인 소비생활 습관을 길러 주는 것이 중요하다는 것은 두말 할 필요가 없다. 아이들도 경제가 어렵다느니, 물건을 아껴 쓰고 절약해야 된다는 말을 빈번하게 들으며 생활하게 된다. 유아에게 있어서 경제교육이란, '필요한 것'과 '원하는 것'을 구별할 수 있게 하고 소비생활을 바르게 할 줄 아는 태도와 습관을 길러 주는 것이다. 사고 싶다고 다 살 수 있는 것이 아님을 알게 하며, 꼭 필요한가 한 번쯤 생각해 보거나 기다렸다가 살 수 있는 습관을 길러 주는 것이기도 하다.

그러나 문제는 어린아이들이 당장 사고 싶은 마음을 억누르기가 어렵다는 것이다. 사고 싶다고 다 살 수 있는 것이 아니라는 것을 말로 해서는 이해하기 어렵다. "그래, 사고 싶지?" 하고 우선 아이의 마음을 쓰다듬어 준다.

다음으로 할 수 있는 일은 "어떤 모자가 있을까?" 하며 당장에 사고 싶은 마음을 자제하고 기다릴 수 있도록 다스리는 여과의 과정이다. 그림이나 상점 안내책자를 들여다보고 여름에 쓰고 싶은 시원한 모자를 생각하며 여러 가지 모양과 색깔을 생각해 보는 것도 당장 쫓아가 사고 싶은 마음을 순화시키는 데 도움이 된다. 또 어떤 모자인지 다시 한 번 종이에 그려 보

도록 하는 것도 소리치고 떼쓰며 매달리는 감정을 억제시키는
데 도움이 된다.

"지금 어떻게 사니? 좀 참아라." "살 때 되면 사 준다."와 같
은 대응은 어린아이에게 별 도움이 되지 못한다. "네가 굉장히
갖고 싶은 모양이구나."라는 말을 듣고 나서 갖고 싶은 마음이
쓰다듬어지고 어루만져질 때 생각의 여유를 갖게 되고, 지금
있는 모자에 세일러문 스티커를 붙이는 방법에도 동의할 수
있을 것이다. 소비생활은 하나의 습관이다. 바른 소비문화에
대한 부모의 모델이 바람직한 경제교육으로 이어질 수 있을
것이다.

07. 신체접촉과 청결은 성교육의 시작

자신의 성기를 만지작거리며 노는 아이, 그러다가 선생님 눈에 띄면 왠지 들킨 기분으로 숨어서 계속하는 아이, 관심 있는 남자 아이를 공연히 흉보며 "○○ 때문에 못 살겠어요." 하며 속상해 하는 여자 아이, "이 바보야!" 하고 좋아하는 여자 아이를 놀리며 치근대는 남자 아이, "누구는 누구를 좋아한대요!" 놀리기도 하며 귓속말로 엄청난 비밀처럼 소근대는 아이들, 이 모두가 성적으로 성숙해 가는 과정에서 보이는 아이들의 예쁜 모습이다.

성(性)이란 때가 되면 자연히 알게 되는 것이니 내버려 둘 것인가? 아니면 성교육이 필요한 것인가? 그렇다면 바른 성교육의 의미는 무엇인가? 아이들의 성에 대한 호기심은 어떻게 발달하며, 이와 같은 호기심과 관심을 보일 때 어떻게 수용하고 대화할 것인가?

　유아기 성교육은 넓은 의미에서 보면 자신의 성기를 장난감처럼 가지고 노는 어린 시기에서부터, 또 가정의 일상생활에서부터 시작되는 생활교육이다. 유아는 태어나면서부터 어머니 또는 자기를 보살펴 주는 사람과 강한 유대감이나 신뢰감을 형성해 가는데, 이를 '애착' 이라고 한다.

　어머니를 좋아하고 신뢰하는 것은 곧 세상을 살아가는 데 매우 중요한 기초가 되며 자율성으로 발전해 가기도 한다. 이때 어머니와의 신체적 접촉, 즉 안아 주고, 볼을 비벼 주거나 껴안고 토닥거려 주는 동안 즐거운 감정과 사랑을 느끼고 정서적으로 안정되어 간다. 이때 깨끗하면 기분이 좋다는 것도 알게 된다. 몸의 모든 부분이 소중하므로 겉으로 보이지 않는 부분도 똑같이 깨끗하게 하는 습관을 기르는 청결교육은 성교육의 시작이다.

　유아는 일상생활에 필요한 기본습관을 기르며, 신체의 청결이나 안전규칙을 유지하는 생활태도를 통하여 다른 사람과의 관계를 유지하게 된다. 또 남녀의 신체나 생리적인 차이와 특성을 이해하고, 남녀평등과 신뢰 및 협력을 기반으로 하는 태도와 지식을 습득함으로써 건전한 성의식과 태도를 갖게 된다. 따라서 성교육이란 유아에게 성에 관한 올바른 태도를 심어 주어 장차 행복한 삶을 살도록 하는 것으로, 일상생활을 통한 인간교육이며 인간존중 정신에 입각한 전인교육이다.

유아는 발달에 따라 성에 대한 요구도 다양하다. 1세 이전에는 충분한 피부접촉을 통한 양육자의 사랑이나 감정을 요구하며, 2~3세에는 주로 나이와 성에 대하여 호기심을 갖는다. 3~4세가 되면 배설이나 생산기능에 관심을 갖고 질문하게 되며, 이러한 관심은 5~6세까지 확장된다. 번스타인이라는 학자에 의하면, 1단계인 3~4세 유아는 '아기는 어디에서 사나?'를 궁금해 하며, 2단계인 4~5세 유아는 아기는 공장에서 만들어지는 것이라 생각하고, 3단계인 5~7세 유아는 보다 논리적으로 생각할 수 있으므로 이 시기에는 간단히 사실대로 설명해 주라고 충고한다.

유아는 대체로 세 가지의 성 유형을 발달시킨다. 바로 성 정체성(남녀를 구분하여 명명하는 것: gender identity), 성 안정성(남자라면 계속 남자로 자랄 것을 아는 것: gender stability), 성 항상성(다른 성의 옷이나 머리 모양으로 변화시켜도 여전히 같은 성임을 아는 것: gender constancy)이다. "내가 일곱 살이 되어도 계속 여자예요?" "선생님 남자는 여자가 될 수 없지요?" 하고 흔히 묻는 것을 보면 알 수 있다. 학자들은 성 유형화의 발달을 정신분석이론으로, 사회학습이론으로, 인지발달이론으로 설명하고 있다.

유아는 입(0~1.5세)에서 항문(1.5세~3세)으로, 또 남근(3~6세)으로 쾌감의 대상을 옮겨 가며 성기에 관심을 갖고 어른과의 신체적 차이에 호기심을 나타낸다. 정신분석학자는 남자 아이가 엄마를 독차지하고 싶어 하며 아빠를 경쟁상대로 생각하다가, 아빠를 닮아 엄마의 사랑을 받으려고 함으로써 남성적 특성을 익히게 되는 과정을 설명하고 있다.

사회학습 이론가는 모든 행동은 모방을 통해서 학습되며, 칭찬받거나 꾸중받는 것에 의해서 성에 어울리는 행동으로 인정되고 기대되는 행동을 배우게 된다고 말한다.

인지발달 이론가들은 인지적 능력이 발달하면서 성에 대한 사고도 달라진다고 주장한다. "나는 여자라서 할 수 없어요." 와 같이 어떤 사람은 남자이며 어떤 사람은 여자라는 개념을 형성하게 되고 이에 맞는 행동을 생각하게 된다고 보았다.

이와 같이 성 개념이나 역할에 대한 태도도 인격의 성장과 함께 자연스럽게 발달해 간다. 이 시기에는 남녀의 성에 대한 편견을 갖지 않고 올바른 자아와 성 역할을 인식할 수 있도록, 부모의 수용적인 양육태도가 중요하다. 부부가 서로를 무시하는 언행이라든지 대접받지 못하는 모습을 보이거나 지나치게 남녀의 일을 구분지어 고정관념을 심어 주지 않도록 하는 것이 바람직하다.

태도라는 것은 가치가 포함된 내재적인 것이므로 외면상의 행동으로 확실히 나타나는 것은 아니다. 다만 부모가 바른 생각과 노력으로 그와 같은 분위기를 만들어 가야 할 것이다. 훌륭한 성 인격은 사춘기가 지나 성인이 되어 갑자기 이루어지는 것이 아니다. 어머니 품에서 젖을 빠는 쾌감을 느끼는 시기부

터, 대소변을 가리는 것을 배우고 배변에 만족을 느끼며 성기
에 호기심과 관심을 갖고 행동하는 시기에 이르기까지, 유아기
전반의 과정을 통해서 그 기초가 확립되는 것이다.

08. 나는 내 몸의 주인입니다

오늘날 유아교육기관이나 시설은 과거 그 어느 때보다도 사회적 문제에 많은 책임을 갖게 되었고, 교사들은 아이들이 직면하는 성적인 행동이나 성적 학대의 문제와 빈번하게 접하게 되었다.

유치원 교육과정의 모든 영역이 전인교육을 목표로 하고 있으며, 교육내용도 결국 통합적으로 이루어져 전인적 발달을 추구하는 인간교육을 목적으로 한다.

「유치원 교육과정」의 항목 중 특별히 성교육에 관련될 수 있는 내용들은 건강생활(몸과 주변을 깨끗이 하기, 질병 예방하기, 위험한 상황을 알고 대처하기), 사회생활(나를 소중하게 여기기), 탐구생활(나의 몸에 대하여 관심 가지기, 나의 출생과 성장에 대하여 알아보기, 주변의 모든 생명체를 존중하기 등)이다. 특히 건강생활에서는 나와 다른 사람의 몸이 소중함을 알고 보호하는 내용과 다른 사람이 나의 몸을 함부로 만지지 않도록 하는 내용을 제시하여 자신의 몸을 보호하는 문제를 다루고 있다.

「표준보육과정」에서는 성교육의 내용을 사회관계(자신의 소중함을 알기, 성 정체감 형성하기), 자연탐구(주변 생명체에 관심가지기, 주변 생명체의 외적 특성 알기, 생명체와 환경과의 관계 알기), 기본생활(몸을 깨끗이 하기, 위험한 상황을 알기 등), 안전한 생활(위험한 상황을 알고 조심하기, 위험한 상황에서 안전하게 행동하기) 등으로 다루고 있다.

유아교육기관이나 시설에서 다룰 수 있는 성교육 내용에는 신체를 소중히 하고 청결을 유지하는 일상생활의 습관과 태도, 건전한 자아의 발달, 남녀의 신체 차이 및 역할, 남녀의 협력에 기초한 사회적 관계 유지와 행동 방식 등이 포함된다. 특히 기본생활습관은 흔히 다루어지는 내용이다. 신체를 소중히 하고 깨끗이 하는 것은 청결지도나 생활습관이라고만 생각하고 성교육의 시각에서는 생각하지 않는 경향이 있다. 그러나 신체의 모든 부분이 소중함을 알고 깨끗하게 하며, 겉으로 보이지 않는 부분도 똑같이 깨끗하게 하는 습관을 길러 주는 것은 중요한 성교육의 시작이다. 그중에서도 특히 화장실 사용법, 화장실에서 지켜야 할 일 등에 대하여 세심한 배려가 있어야 한다.

성에 관련된 행동 중에서 가장 흔하게 발견되는 것이 손장난을 하거나 성기를 다른 곳에 문지르는 자위행위이다. 아이들

은 보통 돌을 전후하여 성기를 만지작거리며 놀게 되고 3~4세
가 되면 성기를 자극하여 쾌감을 얻기도 하는데, 못하게 하면
할수록 화장실 등에서 교사의 눈을 피해 가며 만지기도 한다.
어떤 아이는 가구 모서리나 창틀에 무심코 몸을 비비고 서 있
기도 하며 의식적으로 자극을 주는 경우도 있다.

별 이유 없이 그저 무의식적으로 한두 번 하는 것이라면 놀
라거나 지나치게 과민반응을 보이며 통제할 필요는 없다. 화장
실에 가서 친한 아이끼리 소변을 누면서 누가 더 멀리 누나 성
기를 흔들기도 하고 킥킥거리기도 한다. 소변을 보는 바른 태
도를 이야기하면서 중요한 부위를 함부로 내놓고 장난하지 않
도록 타이르면 충분하다.

심한 경우에는 우선 그 원인을 찾아볼 필요가 있는데, 심심
하거나 따분하거나 적당한 놀이가 없어 시작하는 경우도 있
고, 사랑과 관심이 부족하여 욕구불만이 이유일 때도 있다. 심
심해서 하게 되는 경우에는 흥미 있는 다른 놀이로 유도하여
블록이나 퍼즐, 조작놀이처럼 손을 다른 곳에 사용하도록 하
는 것도 좋은 방법이다. 때에 따라 활발한 신체활동을 할 수
있는 바깥놀이를 하게 하는 것도 도움이 된다. 또 관심을 다른
곳으로 돌릴 수 있는 '일거리'와 '놀거리'를 마련해 주는 것
도 중요하다.

성폭력에 대한 안전교육도 다룰 수 있다. '나를 보호하는 규
칙', '내 몸의 주인은 나'와 같이 몸의 안전에 관련된 것이다.

즉, 나를 만지는 사람이 있을 때 그 사람이 아무리 어른이라도 '안 돼!' 라고 말할 수 있으며 반드시 부모에게 알리도록 지도하는 내용이 포함된다.

미국에서는 이를 거절하고 멀리 피하며 다른 사람에게 알리도록 경고하고 있다. "수영복으로 가리는 부분은 내 몸의 아주 소중한 부분이지요. 의사 선생님은 부모님의 허락을 받고 만질 수 있어요. 아무리 어른이라도 내 몸을 함부로 만질 수는 없어요."와 같은 내용이 들어 있다.

이외에도 유아교육기관에 오는 아이들 중에는 이미 고정된 성역할 개념을 갖고 있는 경우가 많다. 쌓기놀이영역에는 남자 아이만, 소꿉놀이영역에는 여자 아이만 가서 놀고, 병원놀이를 해도 의사는 남자가 간호사는 여자가 하려고 하는 등 완전히 분리된 활동을 하는 경우가 허다하다. 사진이나 그림, 책, 슬라이드 등 가능한 한 다양한 자료를 동원하여 남녀가 갖는 여러 가지 역할이나 직업인의 모습 등을 보여 주도록 한다. 무엇보다도 교사 자신이 고정된 개념을 갖지 않는 것이 필요하다. 다양한 놀잇감을 골고루 사용해 보도록 하고 남녀 모두에게 조용한 놀이와 활동적인 놀이에 참여하도록 배려하는 것이 바람직하다.

"아기는 어디에서 나와요?" "여자 애들은 왜 고추가 없어요?" "왜 앉아서 오줌을 누죠?"와 같은 질문도 흔히 있는 일인데 이를 이야기 나누기 시간에 교육과정의 일부로 다룰 수 있다. 어린 아기가 있는 부모에게 부탁하여 교실에 데려올 수도 있고 자신의 어릴 적 사진을 가져와 친구들에게 보여 주면서 그런 감정을 해소할 수도 있다.

특별히 집요한 질문을 하는 경우, 간단한 그림이나 인형으로 설명해 줄 수도 있다. 아이들이 질문을 하면 우선 당황하지 말고 "무엇을 말이니?" "왜 그런 게 알고 싶어졌니?" 하고 되물어서 질문의 의도를 정확하게 파악하는 것도 필요하다. 성에 관한 질문이라고 여겨질 때 교사가 지레 짐작하여 정자와 난자를 설명할 필요도 없다. 아이들은 흔히 별 뜻 없이 물어보거나 호기심에서 해 보는 수가 많기 때문에 적당히 얼버무리는 식의 거짓말은 피하되 질문의 동기를 파악할 필요가 있다. 자연스럽고 간단하면서도 친절한 대답이면 아이들은 만족해 한다.

어른들은 성이란 말을 들으면 자칫 남녀 신체상의 생리적 차이만을 떠올리며 공연히 얼굴을 붉히기도 하고, 아이들이 성 관련 질문을 하면 당황하고 곤란해 하는 경우가 흔히 있다. 물론 성에 대한 지식이나 성행위에 대한 것도 성교육의 일부이기는 하나 이렇게 좁은 의미로만 국한시켜 생각한다면 성교육을 바로 이해하지 못하는 것이다.

성에 관한 것을 특별하게 독립적으로 다루어서는 기대하는 성과를 거두기 어려우므로 다른 생활과 관련지어 자연스럽게 다루어야 한다. 청소년이 된 후에도 성교나 수정을 분리된 지식이나 사실로 알게 되는 지적인 이해만으로는, 구체적인 의문을 풀 수가 없으며 성도덕이나 윤리를 확립하기도 어렵다. 결혼의 의미나 올바른 교제, 건전한 자아와 성에 대한 태도의 기초가 확립된 후에야 과학적인 지식체계도 가치 있을 수 있는 것이다.

09. 알고 싶은 것이 많아요

성교육이란 건전한 자아와 성에 대한 바른 태도를 갖도록 하는 것이므로, 단지 성에 관한 지식을 알려 주는 것이라고 생각하거나 성기 교육으로 오해해서는 안 된다.

성교육을 이렇게 좁은 의미에서 이해하여 신체적으로 어느 정도 발달한 후에 가르쳐야 되는 생리적 구조, 또는 해부학적 현상이나 지식으로 오해하고 있을 때, 자연히 "조그만 애가 별 걸 다 물어? 나중에 크면 저절로 알게 돼."라든지 거짓 대답으로 얼버무리게 되는 것이다.

아이가 자신의 주변 사물과 사건에 대해 호기심이 생겨나면 신체와 성에 관련된 질문을 많이 하게 된다. 가장 많이 보고 직접 만지는 부분이 자신의 성기이므로 이러한 관심은 대단히 자연스러운 것이다. 어떻게 대처할까? 자주 접하는 질문들을 생각해 보기로 하자.

❖ 아기는 어떻게 태어나요?

동생이 생겼을 때는 말할 것도 없고 그렇지 않은 경우에도 자주 하게 되는 질문이다. 이때에도 마찬가지로 "나중에 알게 돼." "다리 밑에서 주워 왔다." 등으로 얼버무리거나 회피하는 것은 옳지 못하다. "엄마 몸속에 있는 아주 작은 알과 아빠 몸에서 나온 씨앗이 서로 만나서 아기가 만들어진단다. 그리고 엄마 뱃속에는 아기가 자라는 조그만 방과 같은 아기집이 있단다. 그곳에서 아기는 아홉 달 동안 엄마가 주시는 것을 받아먹고 보호받으며 산단다." 정도의 설명이면 충분하다. 또 관련 동화를 읽어 주며 이야기 나누는 것도 좋은 방법이다.

❖ 아기는 어떻게 나오나요?

아이가 태어나는 것도 "크면 안다."든지 "배꼽으로 나온다." 라고 하면서 억지로 대답을 만들 필요가 없다. '엄마 뱃속의 아기집에서 영양분을 받아먹고 지내다 밖으로 나올 수 있을 만큼 튼튼해지면 아기집에서 나온단다. 아기 나오는 길이 있어서 그 길로 나오지' 정도면 충분할 것이다. "아기가 나올 때 엄마가 좀 힘들지만 의사 선생님과 아빠가 도와줄 수 있어." 하고 덧붙일 수도 있다. 단순한 호기심으로 질문하는 3~4세 유아들의 질문에 사랑, 임신, 자궁 등을 지나치게 설명할 필요는 없을 것이다.

❖ 아기가 나오는 길은 어디 있어요?

5~6세가 되면 이런 구체적 질문을 하는 경우가 있는데 이때는 "아기가 나오는 길이 따로 있어서 그 길로 나오지." "소변이나 대변이 따로 나오는 것처럼 아기가 나오는 길이 있어서 그 길로 나오게 된단다." 하는 정도면 대답이 된다.

일본의 초등학교 1학년 성교육 지침에는 "엄마의 오줌이 나오는 길옆에 아기가 나오는 길이 따로 있고 이 길은 뱃속에 있는 아기의 특별한 방과 통해 있다."라고 설명함으로써, 소변이나 대변과는 전혀 별개의 것으로 구분하여 불결하지 않다는 인상을 심어 준다고 한다.

❖ 아기는 어떻게 밥을 먹어요?

이때 "엄마가 먹으면 자연히 아기도 먹게 되지."라고 하면 "그럼 아기랑 밥이랑 속에서 섞이면 어떡해요?"하고 걱정하는 아이도 있고 "손으로 먹어요?" 하기도 한다. 이럴 때는 "아기는 엄마가 먹은 음식에 있는 영양분을 받아먹는 긴 줄이 있어서 그것으로 먹을 수 있어. 이 다음에 태어나서 점점 자라면 손으로 밥을 먹을 수 있게 된단다."라고 말해 준다.

❖ 그게 뭐예요? 만져 봐도 돼요?

"그건 아빠, 엄마의 아주 특별하고 소중한 곳이야. 그래서 아빠(엄마)는 누가 거기를 만지는 걸 좋아하지 않아. 너에게도 아빠(엄마)처럼 이런 소중한 곳이 있지? 아빠(엄마)가 너의 기저귀를 갈거나 목욕을 시킬 때, 의사 선생님이 진찰할 때(물론 너랑 엄마, 아빠가 허락한 경우) 널 만지는 건 괜찮아. 하지만 그런 때 말고는 어느 누구도 너의 소중한 부분을 건드리게 해서는 안 돼.”

사실 이런 질문을 받으면 당황스러울 수도 있지만 교육을 시작하는 좋은 기회로 삼을 수도 있다. 그리고 아이가 기분이 좋은 접촉과 나쁜 접촉을 구별하는 데 많은 도움이 될 것이다. 더불어 아이가 자신의 개인적이고 소중한 부분에 대해 알고 스스로 지키게 하는 기회도 될 것이다.

❖ 왜 내 고추는 아빠 것처럼 크지 않아요?

“몸이 작을 때는 고추도 작지만 어른이 되면 커진단다.”와 같이 자연스럽게 대답해 준다. 엄마와 목욕탕에 간 딸이 “엄마는 왜 털이 있어요?”라고 묻는 경우도 마찬가지다. “어렸을 때에는 잘 보이지 않지만 어른이 되면 무엇이든지 더 크게 자라고 많아진단다. 어른들은 아이들보다 손이랑 발도 크고 또 다리도 길지 않니? 너도 크면 이렇게 된단다.”와 같이 그저 자연스럽게 이해시킨다.

❖ 나는 왜 고추가 없어요?

여자 아이들은 남자 아기의 목욕 장면이나 남자 아이가 소변을 보는 모습을 볼 때 "엄마, 저 애는 왜 저렇게 생겼어?"라고 묻거나 "나는 왜 앉아서 오줌을 눠?"와 같은 질문을 하게 된다.

"여자는 그런 게 없어."라고 넘어가기보다는 "여자 아이들은 오줌을 누는 곳이 밖으로 나와 있지 않단다. 그래서 서서 오줌을 누면 옷을 적시게 되지."라고 대답하거나, 경우에 따라서 좀 더 자세히 설명해 줄 수도 있다.

"남자 아이와 여자 아이는 서로 다르단다. 남자 아이는 고추가 있지만 너는 그곳에 입술 모양을 닮은 곳이 있어. 남자는 아기씨를 만드는 곳, 즉 고추가 몸 밖으로 나와 있지만 여자들은 아기를 만드는 곳이 몸 안에 있단다. 네 몸속에도 난소라는 곳이 있는데 아기를 만드는 수천 개의 알이 들어 있어. 또 아기가 자라날 수 있는 아기집도 있지."

이때 "너도 고추가 있었으면 좋겠니? 사실 그랬다면 너희 할머니가 굉장히 좋아하셨을 텐데." 등의 말로 열등감을 갖게 하는 것은 좋지 않다.

❖ 왜 아빠는 아기를 못 낳아요?

"아빠는 아기를 직접 낳을 수는 없지만, 아기가 태어나도록 돕는단다. 아빠에게는 고추 양옆에 공처럼 생긴 알이 있는데, 그곳에서 아기씨를 만들지. 그리고 아기씨는 엄마의 알과 만나 아기를 만들지. 아빠와 엄마는 소중한 아기를 무척 사랑한단다."

❖ 엄마와 결혼할래요

4~5세 정도가 되면 남자 아이나 여자 아이에 따라 이성의 부모에 대한 감정이 달라지게 된다. 보이지 않는 무의식의 세계와 좋은 내면의 정신적 현상을 연구한 프로이트는 이 시기를 남근기라고 하여, 남자 아이들이 자신의 성기를 다른 아이들과 비교하고 여자 아이의 성기에도 관심을 나타낸다고 하였다. 이 시기의 남자 아이들은 어머니를 사랑의 대상으로 생각하므로 유난히 어머니를 좋아하고 안기며 어리광을 부리기도 한다. 이러한 감정을 오이디푸스 콤플렉스(Oedipus Complex)라고도 하는데, 신의 저주에 의해서 아버지를 살해하고 어머니와 결혼하게 된다는 그리스왕의 전설에서 유래한다.

❖ 아빠 같은 남자가 좋아요

여자 아이의 경우 아버지를 좋아하는 경향이 강하게 나타난다. 아빠에게 뽀뽀를 하고 안기거나 끌어안고 접근하면서 어머니에 대한 적대감을 갖는 심리적 양상을 엘렉트라 콤플렉스(Electra Complex)라고도 한다. 어떤 아이는 아빠만 좋아하고 잘 때도 아빠 옆에서만 안겨 자려고 한다. 그리고 심지어는 "엄마는 왜 그렇게 뚱뚱해요." 하면서 입을 삐죽거리거나 엄마에 대하여 빈정거리기도 한다. 부모는 여자 아이들이 아빠를 좋아하고 따르는 것을 두고 좀 성질이 유난한 게 아닌가 하면서 걱정하기도 한다.

4세 정도가 되면서 아이들마다 각기 이성의 부모를 좋아하게 되고 동성의 부모에게 적대감을 느끼며 경쟁자로 생각한다는 프로이트의 말을 기억하면 참으로 자연스럽고도 소중한 감정이 아닐 수 없다. 이러한 성적 애착과 갈등을 거치게 되면 심리적으로 경쟁자로 생각했던 이성의 부모를 오히려 닮으려 행동하고, 그 가치와 태도를 받아들이려 노력하는 과정으로 이어지게 된다.

❖ 내가 커도 그대로 남자(여자)인가요?

아이들이 처음부터 자신이 남자 또는 여자인지를 아는 것은 아니다. 따라서 내가 커도 그대로 남자(여자)예요? 라는 질문을 하는 것이다. 5~7세쯤 되어 남자(여자)라면 계속 남자(여자)로 자란다고 알게 되는 것을 성 안정성이라 한다. 이와 같은 성에 대한 인식은 자라면서 여러 가지 경험을 통해 자신의 성을 알게 되고, 성에 맞는 적합한 행동을 함으로써 남자로서, 여자로서 성숙하도록 유도한다. 따라서 지나치게 '남자니까~' '여자니까~' 하는 것은 성 고정관념과 편협한 생각을 갖게 하기 쉽다. 남자가 하는 일, 여자가 하는 일을 구분하기보다는 다양한 역할을 해 보는 경험을 통해 성에 대한 개념을 이해하면서 차츰 자신의 성에 대한 행동을 배워 나가도록 하는 것이 좋다.

자연스럽고 개방적인 태도가 좋다고 해서 "너 이거 알고 싶지?"와 같이 지나치게 의식적이고 부자연스러운 방법으로 접

근해서는 안 될 것이다. 부끄러워하거나 보이지 않으려는 감정
은 어쩌면 당연할지도 모른다. 아이가 호기심을 보이거나 질문
을 하는 등 적절한 기회가 될 때 설명해 주는 것도 자연스러운
방법 중 하나이다.

10. 사람에게는 어떤 마음이 있을까?

할아버지께서 편찮으셔서 병문안을 가게 되었다. "왜 할아버지가 아파요?" 부모는 아마도 "넘어지셨단다." 또는 "소화가 잘 안 되시니까."와 같은 증상을 설명할 것이다. 또 아이가 묻는 말에 대답을 하고 나면 으레 부모는, "병에 걸리면 아프단다." "할아버지처럼 고생하게 된단다. 병원에 오래 누워 있으면 유치원에도 못 가고 맛있는 것도 못 먹고……." 등의 소위 건강교육을 하기 마련이다. 물론, "할아버지가 빨리 나으셔야 될 텐데……."와 같은 걱정을 나누기도 할 것이다. 이때 할아버지께서 얼마나 아프실 것인가를 좀 더 구체적으로 생각해 보면 빨리 나으셔야 될 것이라는 공감적 이해가 가능해진다. 막연히 '많이 아프시다'는 것보다는 "할아버지가 좋아하시던 갈비도 못 드시고, 사과도 잡수실 수가 없단다. 친구 집에도 못

가시고 아픈 주사를 계속 맞으시고……."와 같이 구체적으로 생각할 때 빨리 나으셔야 되겠다는 생각이 보다 절실해질 수 있다.

병원에 다녀오는 길에 엄마는 할아버지를 뵙고 나니 마음이 어떠냐고 물었다. 막연히 얘기할 때보다 아프신 모습을 구체적으로 얘기해 볼 때 아이는 자신의 마음을 좀 더 정확하게 표현할 수 있게 된다. 아이는 기쁘기도 하고 슬프기도 하다고 했다. 할아버지를 만난 건 기뻤고 아프신 걸 보니 슬펐다는 것이다.

차를 타고 오는 길에 우리들에게는 또 어떤 마음이 있는가 알아보기로 했다. 또 어떨 때 기쁘고 어떨 때 슬펐나를 생각해 보았다. 선생님께 칭찬받았을 때 기뻤고 유치원에서 친구가 이사 갔을 때 슬펐다는 것을 생각해 냈다. 또 우리 마음속에는 이상한 마음, 수상한 마음, 쓸쓸한 마음이 있음을 생각해 냈다. "이상한 마음은 언제였을까?" "맞아!" 유치원에 가져가려고 책상 위에 놓아둔 준비물이 어디로 가고 없었을 때 우리는 "이상하다, 이상하다 여기다 두었는데……." 했던 것이다. 오빠가 무엇을 감추었을 때 수상한 마음이 들었고, 혼자 있을 때 쓸쓸했다.

"또 우리에게는 어떤 마음이 있을까?" 물었다. 하지만 이 상황에서 어떤 마음을 너무 강요할 필요는 없을 것이다. 엄마가 먼저, 다쳤을 때는 어떤 마음이 들었니? 또 꽃이 피었을 때는? 하고 자연스럽게 사례를 꺼낼 수 있다.

아침에 일찍 일어날 때는 귀찮은 마음이었는데 좋아하는 주스를 마실 때는 기분이 좋았다. 유치원에 갈 때는 바쁜 마음이었고 지금은 기쁜 마음이다. 또 할머니가 계시니 든든한 마음, 바람이 부니 시원한 마음, 유치원에서 친구가 이사 갔을 때 섭섭한 마음이었음을 생각해 냈다. 동생이 다쳤을 때의 놀란 마음, 아빠가 늦게 오실 때 걱정했던 마음도 꺼내 보았다. 책상 위에 놓아둔 스티커가 없어졌을 때 느꼈던 이상한 마음도 찾아낼 수 있었다. 그런가 하면 창밖에 넘어진 사람을 보다 느꼈던 딱한 마음에 엄마가 안쓰러운 마음을 첨가해 주었다.

그리고 아이는 걱정하는 마음과 아름다운 마음을 이야기했다. 또 씩씩한 마음, 힘찬 마음, 끔찍한 마음도 찾아내었다. 군인 아저씨를 보았을 때, 운동회를 할 때, 징그러운 벌레를 보았을 때도 연상하였다. 군인 아저씨를 보았을 때는 씩씩한 마음이 생긴다는 아이의 표현에 믿음직한 마음, 든든한 마음을 첨가해 줄 수도 있다. 아이는 '든든해요 ○○○'라는 언젠가의 대통령 선거의 홍보문구를 떠올릴지도 모른다. "그래, 군인 아저씨와 함께라면 든든해요."도 될 수 있을 것이다.

그런가 하면 엉덩이를 실룩거릴 때는 우스운 마음, 보석을 보았을 때는 신기한 마음이 들었다. 이처럼 창밖으로 펼쳐지는 무궁무진한 광경들은 우리들의 마음을 찾아내기에 부족함이 없다.

이제 아이는 꽃을 바라보며 기분 좋은 마음, 기쁜 마음이 들

것이다. 엄마가 따뜻한 마음, 사랑스러운 마음이 든다고 거들
어 보자. 창 너머 눈부신 해를 바라보니 아름다운 마음, 뜨거운
마음, 빛나는 마음이 들고, 생각이 점점 무르익게 되면 우스운
마음도, 조마조마한 마음까지도 찾아낼 것이다. 우리가 가지
고 있는 마음을 이것저것 꺼내 봄으로써 우리에게 어쩌면 이
렇게 여러 가지 마음이 있는지 신기한 마음을 엿볼 수 있을 것
이다.

  인간 삶의 질을 높이는 것은 지능지수(IQ)가 아니라 정서지
능(EQ)이라는 사실은 이미 널리 알려진 일이다. 즉, 자신의 감
정을 수용하고 조절해 감으로써 다른 사람과 정서적 교류를 이
루게 되며 품성의 바탕이 다져지게 된다.

  열린 대화를 통해 아이는 자신이 여러 가지 느낌과 마음의
주인임을 인정하고 여과하며 보다 발전적인 감정을 수용하는
경험을 하게 될 것이다.

11. 부모님도 인간입니다

언젠가 지도교수와의 면담시간에 학생들과 나는 각자 이야깃거리를 가져와 서로 돌려 가며 토의를 하기로 했다. 한 학생이 '인간'이라는 제목의 조그만 만화 한 컷을 오려 가지고 왔다. 그 만화에는 '엄마 허리가 아프다는 걸 알면서도 이불 속에서 자기 몸만 쏙 빠져 나오는 아들' '오늘이 아빠 생일인 줄도 잊은 채 연예인 생일카드만 쓰고 있는 딸'을 대조한 것이었다. 그리고 마지막에는 "부모님도 인간입니다."라는 구절이 쓰여 있었다.

우선 그런 만화를 무심히 보지 않고 오려 온 학생이 대견했다. 부모님을 사랑하라는 교훈이 담긴 내용이나 효에 관한 글은 우리 주변에 무수히 많지만 우리들의 '눈뜨기'에 따라 의미는 달라지기 마련이다. 영화를 볼 때에도 처음에는 보이지 않았던 배우가 다시 볼 때는 화면에 나타나게 된다. 줄거리에 대한 이해와 보는 눈이 달라졌기 때문일 것이다.

5월, 어버이날이 머지않았다. 원래 어버이날은 기독교 사순절의 네 번째 일요일에 부모님의 영혼에 감사의 마음을 바치기 위하여 교회를 찾는 영국과 그리스의 풍습에서 유래되었다고 한다. 또 1910년경 미국의 한 여성이 어머니를 추모하기 위해 흰 카네이션을 교인들에게 나누어 준 일에서 연유된 것이라고 한다. 1914년 미국의 윌슨 대통령이 5월의 두 번째 일요일을 어머니의 날로 정한 것이 그 시초로서, 우리나라에서는 정부가 각종 기념행사를 주관해 오고 있으며 1974년부터는 어버이날로 개칭한 바 있다.

학자들은 나이 드신 부모님들이 주로 4가지 고통에 시달린다고 한다. 고독고, 생활고, 병에 대한 고통, 역할상실에 대한 고통이 그것이다. 우리 부모님은 생활하는 데 불편이 없으실까? 크고 작은 병으로 고통스러워 하지 않으실까? 가족 안팎에서 서야 할 자리가 없어 역할을 잃은 채 허탈해 하시지는 않으실까? 그리고 무엇보다도 고독해 하지 않으실까? 부모님도 마음만은 봄의 꽃잎처럼 아직도 팔랑이고 있다는 것을 우리는 기억하고 있는가?

『부모님이 살아 계실 때 해 드려야 할 45가지』라는 책에는 전화 자주 걸기, 부모님 손에 내 손을 마주 대보기, 부모님의 젊은 시절 사진을 액자로 만들어 드리기, 학교나 회사 구경시켜 드리기 등과 같은 아주 작은 일들이 쓰여 있다.

연로하신 어머니 핸드폰 값을 내드리는 동료 교수 생각이 난다. 매달 고지서를 받아들며 전화비가 유난히 작은 달은 공연히 걱정이 된다고 하였다. 혹시 활동성이 떨어지신 건 아닌가? 사람들과 얘기하고 싶은 의욕이 저하되신 건 아닌지 측은하고 안쓰러워진다는 것이다.

기념식을 하거나 용돈을 드리고 선물을 사 드리는 일만 하면 효를 다했다고 지나가기보다는 부모님의 고독을 함께 살펴보았으면 한다. 돌아가신 후에야 비로소 부모님의 빈자리가 크다는 것을 느끼게 된다는 성현의 말씀을 떠올리며, 올 어버이날에는 우리 모두가 부모님을 인간적으로 좀 더 가까이에서 만났으면 한다.

12. 반질거리는 꽃잎과 기어가는 벌레를 만나 보자

햇볕이 뜨거워지고 무덥기까지 하며 벌써 여름이 느껴진다. 여기저기서 장미꽃 축제와 같은 꽃 잔치가 열려 아이와 함께 자연과 더불어 시간을 갖게 되는 기회도 많아진다. "저 꽃 예쁘다. 향기가 좋지?" 하며 이 꽃 저 꽃 들여다보기도 하고, 예쁜 색깔에 함께 감탄하기도 한다.

어린아이들은 어른처럼 감상하기가 쉽지 않다. 이때 멀리서 감상할 수도 있지만 걸으면서 키가 큰 꽃을 찾아보거나 화단 가까이에서 가장 활짝 핀 꽃, 가장 빨간 꽃을 찾는 일은 꽃이라는 사물에 보다 관심을 집중할 수 있게 한다. 나뭇잎이 가장 큰 것, 제일 키가 작은 나무, 내 키와 비슷한 친구 나무를 찾는 동안 아이는 머릿속에서 여러가지 사실을 조합할 뿐만 아니라 사물의 특성에 보다 가깝게 다가갈 것이다.

꽃 하나에 좀 더 가까이 다가가 꽃잎을 세어 본다면 여기저기 돌아만 다니는 것보다 아이와 더 재미있는 시간을 보낼 수 있을 것이다. 하나, 둘, 셋…… 하고 세는 동안 수량을 경험하는 것은 물론, 꽃을 보다 자세히 들여다볼 기회를 갖게 된다. 아이들과 수를 셀 때면 흔히 사람의 수, 자동차의 수와 같은 물건에 관심을 갖기 마련이지만 꽃잎이나 나무의 움, 가지의 수를 세어 보는 것은 보다 신기한 마음의 문을 두드리는 기회가 된다.

또 반질거리는 나뭇잎, 먼지가 묻은 나뭇잎, 벌레 먹은 나뭇잎이 보이며 아마도 재빠르게 기어가는 벌레도 찾아낼 수 있을 것이다. 뿐만 아니라 푸른 나뭇잎 사이로 조그맣고 빨간 열매도, 뾰족뾰족하거나 둥글넓적한 나뭇잎도 눈에 들어올 것이며 꽃잎을 하나씩 세고 솟아 있는 줄기를 찾아 헤아리는 동안 색깔이나 모양을 자세히 들여다보게 된다.

아이에 따라 위에, 속에, 아래에, 뒤에 같은 위치에 대한 공간 감각이 발달한 경우 ‘빨간색 꽃 뒤에 있는 나무’ ‘장미꽃 아래에 있는 잔디’ ‘노란 꽃 뒤에 있는 울타리’ 등의 공간적 표현도 가능해질 것이다. 만 3~4세 아이들은 사물의 이름을 알고 싶어 하고 사물의 수를 자주 세어 보며 모든 지각이 정밀해지기 시작한다. 또 유사함과 차이점을 알고 색과 크기의 차이에 섬세한 관심을 보이기 시작한다.

때때로 꽃잎이나 나무 밑을 자세히 들여다보며 세어 보는

일은 자연스럽게 수학적, 과학적 개념을 즐겁게 경험하는 기회
가 될 뿐 아니라, 분주하고 호기심에 가득 찬 마음을 보다 가까
이에서 두드려 줄 것이다.

II

우리를 시원하게 하는 것

우리를 시원하게 하는 그림, 글자 등
무엇이든지 있으면 찾아 붙이기로 하고 제목을 '우리를 시원하게 하는 것'으로 정했다.
때마침 창밖에서 소슬바람이 불어온다. 아이는 말한다. '바람'도 써야 돼요!

13. 물건의 이름을 가르쳐 주세요

"이게 뭐지?" 엄마가 물었다. "몰라요." "아니, 뭐라고! 이걸 모른다고?" 엄마는 어리둥절해 한다. 아이는 자주 보고 또 때때로 가지고 노는 물건인데도 이름을 모른다 하고, 당연히 알고 있을 거라고 생각한 엄마는 답답하기 마련이다.

곰곰이 생각해 보면 "이거 가지고 와라." "저거 가지고 놀아라." "이거 먹어라." "저거 먹어라." 하고 많은 말을 했지만 정확하게 물건의 이름을 말해 주지는 않는다. 우리 어른들은 날마다 보는 것들이거나 또 자주 먹는 것이기 때문에 별 생각 없이 아이와 얘기를 나누었던 것이다.

만 3~4세 사이의 아이들은 대개 3~4개의 단어로 된 문장을 말할 수 있게 된다. 특히 친숙한 동물이나 신체부위, 주변의 중요한 사람들의 이름을 부르고 알게 되며, 물건의 이름에 대해 흥미를 갖고 많은 질문을 하는 시기이다. 이 시기를 전보식 언어발달시기라고 한다. 전보를 치는 것처럼 중요한 단어만을 함축하여 자신의 의사를 전달하기 때문이다. "엄마 물 주세요." "엄마 오줌 누고 싶어요."를 '엄마 물' '엄마 쉬' 라고 한다. 뿐만 아니라 이 시기에는 '나, 너, 나를' 과 같은 표현을 하며 어휘량이 늘어나 900~1,200개 정도의 단어를 사용하게 된다.

언어는 평생 동안 아이의 지적·사회적 발달에 필수적이고도 중요한 기초이다. "책상 위에 저거 좀 가져와라." 하기 보다는 "책상 위에 있는 빨간 색종이를 가져와라."라고 해 보자. "이거 먹어라." 하기보다는 "사과를 먹어 보자."라고 하면 아이는 자연스럽게 사물의 이름을 습득할 수 있다. 또한 습득한 단어를 주축으로 보다 많은 어휘를 이해하고 구사할 수 있을 것이다.

이제 아이들과 눈높이를 맞추어 보자. 아이들과 눈높이를 맞추는 일은 단지 몸을 숙여 눈을 맞추는 것 이상의 깊은 의미가 담겨 있다. 마치 세상에서 처음 보는 물건을 대하듯 하나하나의 이름을 말해 보면서 아이와 이야기를 나누다 보면, 어느 순간에 아이는 깜짝 놀랄 만한 언어 전달자가 되어 있을 것이다.

14. 나이에 맞는 교구

모든 놀잇감이나 활동은 아이의 발달이나 성장에 맞는 것
이어야 한다. 적절하고 흥미 있는 놀잇감은 즐겁게 가지고 노
는 동안 신체적·지적 자극과 동기를 주며 사회 정서적으로도
안정과 편안함을 줄 뿐 아니라, 언어구사력을 증진시키고 탐구
력을 키워 주는 성장의 촉진제와 영양제가 된다.

출생에서 6개월까지는 사물에 초점을 맞추기 시작하며 눈으
로 사물을 따라간다. 그러나 눈앞에서 사라진 물건은 없어진
것으로 생각한다. 또 소리 나는 방향으로 몸을 돌리고 음악이
나 노랫소리에 따라 몸을 움직이며 반응한다. 단순한 움직임을
모방할 줄 알고 반복되는 시각·청각적 자극에 익숙해지기도
한다. 무엇보다도 눈과 손과 입을 사용하여 주변이나 사물을
탐색하는 일을 즐길 수 있다. 따라서 손목, 발목 딸랑이처럼 움

직일 때마다 소리가 나는 것, 빨거나 가지고 노는 놀잇감을 좋아한다. 또 인형의 팔다리, 목 등이 움직이거나 손으로 잡아당기는 놀잇감도 효과적이다. 다양한 감촉을 느낄 수 있는 놀잇감, 흑백이나 색이 선명한 모빌, 입에 넣고 빨아도 안전한 무독성 항균 처리된 물건들, 그림을 위·아래·좌·우로 움직이며 따라가 볼 수 있는 그림책, 흔들면 제자리로 돌아오는 오뚝이 등도 인지 발달을 도와주는 놀잇감이다.

6개월이 지나 돌을 전후해서는 소위 물체에 대한 영속개념이 발달하여 사물이 사라져도 그 사물을 보았던 장소에서 이를 찾아낼 수 있다. 두드리고, 흔들고, 던지고, 쥐는 다양한 탐색활동이야말로 인지발달을 도와줄 수 있는 놀잇감이다. 뿐만 아니라 사물의 크기, 형태, 무게와 같은 다양한 특성을 이해한다. 1세가 지나면 성인의 하는 일을 그대로 흉내 내고 물놀이, 모래놀이도 즐기게 된다.

카드를 보여 주면서 '이건 뭐다, 저건 뭐다' 하는 식의 방법이 반드시 나쁘지는 않으나 그것보다 더 중요한 것은 질문한 대로 실제 사물을 보여 주는 것이다. 즉, 스스로 만져 보고, 굴려 보고, 주물러 보고, 탐색하게 하는 것이다. 그리고 그 물건을 카드와 같이 도형이나 그림에서 찾아볼 수도 있다. 그림책을 읽어 보고 읽어 주는 것도 즐기는 나이이므로 아주 쉬운 그림책부터 시작하는 것이 좋다. 재미있어 하면 계속 반복해도 좋고 그림을 보고 이야기하는 흉내를 내어 보는 것도 인지나 언어발달을 돕는 데 효과적이다. 그림카드로 딱딱하게 사물을 알려 주기보다는 많이 탐색하고 실험할 수 있게 하고, 하나씩 뒤집으면서 카드에 있는 물건을 실제로 찾아내거나 본 것을 얘기해도 좋을 것이다.

이제 돌이 지난 아이라면 무엇인가 가르치기보다는 아이와 함께 즐거운 시간을 많이 갖도록 노력해야 한다. 그리고 행동을 주의 깊게 관찰하며 순간순간 민감하게 반응해 주는 것이 좋다. 예를 들면, 미소, 머리 끄덕이기, 속삭이듯 말해 주고 반응해 주기 등이다. 또 특별히 무엇을 잘하길 바라기보다는 인정하고 칭찬해 주는 것이 중요하다. 안정된 분위기 속에서 활력과 자신감이 생기면 사물을 탐색하고 인지하는 데 원동력이 된다.

이러한 시간은 노는 시간이 아니라 바로 놀이를 통하여 신체·언어·인지·사회성 발달의 기초를 다지는 풍부하고도 의미 있는 시간이 될 것이다.

15. 수줍은 우리 아이

"좀 나가 놀아라. 애들하고 재미있게 놀면 좋잖니!" 하루 종일 집 안에서만 지내거나 엄마 뒤를 졸졸 따라 다니는 아이를 보면 엄마는 몇 번이고 같은 말을 하게 된다. 집 안에서는 큰 소리를 치고 말을 잘하다가도 밖에 나가면 엄마 뒤에 숨고, 또 손님이 오시면 수줍어서 도망가는 아이를 보면 더욱 답답하게 느껴지기 마련이다.

엄마는 다른 아이들처럼 활발하지 못한 것이 속상하고 우리 아이는 왜 이럴까 싶어 놀기를 강요하거나 말로 표현하라고 압력을 가하는 경우도 종종 볼 수 있다. 그러나 수줍은 아이들은 대부분 말수가 없고 상황에 따라 자신의 의견을 적절히 말로 표현하지 않는다. 그렇다면 어른들은 얼마만큼 언어로 잘 표현하고 의사소통하는지 생각해 보자. '사랑한다' 는 말보다 훨씬 아이를 더 사랑하지만 말로 표현하면 '사랑한다'는 표현밖에 없다. 즉, 일상생활에서의 표현수단 중 언어가 사용되는 비율은 약 7~9%를 넘지 않는다고 한다. 그 외에 표정, 눈빛, 미소 등의 다양한 뉘앙스를 가진 몸짓 언어들이 대부분을 차지하고 있다는 것을 잊지 말자. 수줍어하는 아이가 세상을 향해 나타내는 다양한 표현에 반응하며 넉넉히 받아 주면서 친구들과 놀 수 있는 기회를 만들어 보도록 하는 것이 어떨까?

아이가 부끄러워하는 것은 그만큼 자아의식이 생겨났다고 볼 수 있다. 다른 사람에게 잘하는 모습, 자신 있는 모습으로 비추어지기를 기대하지만 그렇지 못할 것 같아 불안하게 생각하는 정도가 강하기 때문이다.

또한 수줍은 아이가 혼자서 장난감을 가지고 놀거나 굴리면서 시간을 보내는 모습은 특별히 재미있게 노는 것 같지 않아 보인다. 노는 모습이 시큰둥해 보이지만 막상 놀이에 방해를 받으면 굉장히 짜증을 내기도 한다.

"밖에 나가 놀아라." 하고 반복하기보다는 친구를 한번 집으로 초대해 보자. 어머니가 "너랑 같은 남자 아이야. 너랑 같은 유치원에 다니잖니?" "얘도 우리 아파트에 산대."와 같이 의도적으로 친구를 만들어 줄 수도 있다.

2~3세라면 흔히 혼자 노는 것도 즐기지만 4~5세 아이가 지나치게 수줍어 한다면 상당히 관심을 가져야 한다. 친구와 놀기가 어려우면 우선 자신감이 생기도록 간식을 같이 먹게 할

수도 있다. 그리고 친구와 같이 즐겁게 놀 수 있도록 용기를 주고 칭찬하며 격려해 보자. 놀이가 지속됨에 따라 조금씩 자신감을 나타내기 시작할 것이다.

16. 내 거야 내 거, 이리 내놔

종이 블록으로 집짓기를 하던 두 아이가 블록 하나를 서로 차지하려고 있는 힘을 다해서 잡아당기고 있다.

"장난감은 사이좋게 가지고 놀아야 하는 거야."라고 타이르지만 들으려 하지 않을 뿐더러 함께 놀기도 어려워진다.

아이들은 한번 흥분하면 상황을 생각할 여유 없이 과열된다. 우선 "둘 다 블록이 필요하구나." 하면서 있는 그대로를 설명함으로써 화나는 마음을 인정해 줄 필요가 있다. 그리고 무엇 때문에 그것이 필요한지, 다른 물건으로 대체할 수 있는지, 또 다른 친구가 혼자 쓰면 너의 기분은 어떠하겠는지 생각해 보도록 할 수 있다.

대개 2~3세 아이들은 블록 하나를 기차나 자동차처럼 밀고 다니거나 나란히 수평으로 이어 줄을 만들지만, 3~4세 아이들

은 벽을 만들어 막힌 공간을 자주 만들고, 4~5세 아이들은 좀
더 활발하게 집이나 잠수함 등을 만들게 된다.

따라서 4~5세 아이들에게는 탑이나 성을 쌓을 때 사람, 자
동차, 동물, 나무 등을 나타낼 수 있는 작은 소품이 있으면 좋
다. 동물 우리로 쓸 수 있는 낮은 상자나 긴 끈, 동물 그림 등을
집짓기 놀이에 함께 사용하도록 하는 것도 도움이 된다. 비닐
봉지를 묶었던 철사노끈, 스티로폼 조각, 다양한 무늬가 그려
진 마우스 패드, 작은 화장품 샘플 용기 등을 깨끗한 투명 상자
에 넣어 두면 쌓기 놀이를 확장하는 데 배경과 소품으로 사용
할 수 있다. 동화나 영화에서 본 대저택이나 성의 살림을 구비
하는 데 유용하게 사용될 것이다.

여러 자료를 함께 나누고 무엇을 만들 것인가 의논하는 자
연스러운 협력의 기회가 생기는 것이다. 함께 나누고, 돕고, 협
력하는 경험은 다른 사람의 관점에서 행동하고 생각하도록 하
며, 다른 사람의 감정을 이해하고 공감하는 능력을 길러 줌으
로써 의사소통 능력, 주도성과 리더십을 발달하게 하는 중요한
원천이 된다.

17. 그림 지도를 그려 보자

더운 여름 목욕탕에 다녀온 아이에게 목욕탕 지도를 그려 보자고 제안했다. 우선 돈을 내고 표를 받은 곳, 입구의 신발장, 옷장 등의 순서를 생각해 보고 탕 안의 여러 방을 생각해 보았다. 'ㅇㅇ 사우나' 같은 각 방의 이름이나 온수탕, 냉수탕의 자리를 잡고 그 앞에 붙여진 이름도 생각해 보았다. 도화지 정도의 크기에 한꺼번에 여러 가지를 그리기보다는 탕 안을 자세히 그리기로 했다. 맨 위에 앞문과 한 구석에 뒷문을 그리고 수도꼭지의 위치를 어디에 놓을 것인가도 생각했다. 수도꼭지가 몇 개였는지 생각을 더듬어 정했다. 수도꼭지 옆에 차곡차곡 쌓인 바가지와 의자도 그려 넣었다. 아이는 가장 신나게 뛰어다닌 온폭포와 냉폭포의 줄기를 한쪽에 진하게 그렸다. 샤워기, 어른들이 누워 있던 비닐침대를 그리고 나서 대강의 목욕탕이 완성되자 비누갑이나 샴푸통이 놓여 있는 곳도 표시했다.

"의자는 통 옆에 있었다. 수도꼭지 바로 옆에 온탕이 있었다."와 같은 표현을 통해, 사물의 멀고 가까움과 위치를 알게 되므로 위상적 공간관계에 가장 기초가 되는 근접성을 배우는 기회이기도 하다. 뿐만 아니라 '열려 있다' '닫혀 있다' 와 같은 안과 밖 또는 위와 아래는 물론, 얼마큼 떨어져 있었는지와 순서를 생각하며 그리는 동안 자연스럽게 논리·수학적 경험을 할 수 있다. 또한 그리는 과정에서 미끄러웠던 바닥이나 수건이 널려 있었던 모습, 물을 넘치게 낭비했던 점도 모두 되돌아볼 수 있다. 어디 그뿐인가? 종이 목욕탕을 앞에 놓고 우리는 목욕탕에 대해 보다 실감나게 얘기할 수도 있다. 그리고 맨 끝에 아이는 지도 제작자인 자신의 이름을 쓰고 뿌듯해 한다. 아마도 남자 아이가 그린 남탕과 여자 아이가 그린 여탕의 모습은 서로의 궁금증을 덜어 주기에 충분할 것이다.

더운 여름이 다가왔다. 평상시보다는 아이들과 함께할 기회가 많이 생기는 계절이다. 바닷가나 친척집 또는 집안의 크고 작은 행사에 다녀올 수도 있을 것이며, 무더운 여름날 수영장이나 냇가에 잠시 들를 수도 있을 것이다. 오며 가며 느끼고 경험한 것을 이야기할 기회도 생기게 된다.

때때로 느낀 점을 이야기해 보는 것이 막연할 때가 있다. 그리고 부모와 대화가 끊기기도 한다. 종이를 놓고 그림 지도를 그려 보자. 백화점이나 동네를 한 바퀴 돌아보는 것, 전시회나 박물관의 모습은 물론, 여러 가지 빵이 진열된 제과점이나 서점 안의 다양한 물건도 훌륭한 자원이다. 올 여름엔 과학적이고 논리적인 지도 제작자가 되어 보자. 그리고 그림 지도 안에 생략된 인상 깊었던 사연들을 꺼내 보기로 하자.

18. 우리를 시원하게 하는 것

날씨가 점점 더워지니 아이들은 시원한 것을 찾고 자주 목이 마르다며 냉장고 문을 빈번하게 여닫는다. 닫을 때마다 속이 다 보일 정도로 활짝 열더니 '쿵' 하고 큰 소리가 나게 닫는다.

조그만 자석으로 고정시켜 붙여 놓은 종이쪽지가 움직이고 몇 장은 떨어져 흩날리기도 하자 엄마는 조심하도록 이른다. 아이가 문을 휙 닫고 가버린 후, 엄마 혼자서 종이를 주섬주섬 주워 붙이는 경우도 있을 것이며 떨어진 것을 아이 스스로 제자리에 갖다 붙이도록 시키기도 할 것이다.

"조심해라. 물건이 남아나겠니." 하면서…….

그러나 '조심하라' 는 말은 막연할 뿐만 아니라 차가운 것을 꺼내 먹기 바쁜 아이에게 잘 전달되지도 않는다. 결국 엄마 혼자서 타성에 젖은 잔소리를 한 번 더 하게 되는 것이다.

엄마와 아들은 떨어진 종이를 함께 주워 붙이며 얘기해 볼 수 있다. 가족사진, 격언을 적어 코팅한 종이, 잡지에서 오려놓은 요리법 그리고 친구가 여행길에 보내 준 그림엽서, 이렇게 하나씩 제자리에 놓으며 대화하는 가운데 문을 자주 열고 닫으면 냉장고가 시원하지 않게 된다는 이야기도 함께할 수 있을 것이다.

또 냉장고는 우리가 먹는 음식을 시원하게 해 준다는 이야기와 함께 집안을 둘러보며 냉장고뿐만 아니라 에어컨, 선풍기도 시원하게 하는 것임을 찾아낼 수 있다. 냉장고 안의 시원한 음료, 얼음, 아이스크림, 과일도 우리를 시원하게 해 주는 것들이다. 그러고 보니 시원한 것이 너무 많다. 엄마와 아이는 시원한 것을 더 찾아볼 수 있다. 부채, 돗자리, 방석, 바다, 해수욕장도 첨가하였다. 때마침 날아든 여름용품 광고 책자에서도 오려 붙여 보기로 한다.

저녁 시간이 다 되었으므로 오늘은 여기에서 멈추지만, 컴퓨터 파지로 만든 연습장에 우리를 시원하게 하는 그림, 글자 등 무엇이든지 있으면 이번 주 내내 찾아 붙이기로 하고 제목을 '우리를 시원하게 하는 것'으로 정했다.

며칠 후 잡지를 보던 엄마가 수영복 입은 사람을 가리키며 "참 시원해 보이는구나." 하고 말했다. 그리고 빨래를 보면서 "젖은 빨래가 널려 있는 것을 보니 시원하구나." 하고 덧붙였다. "이것도 시원해요." 아이도 물놀이하는 사람들을 가리키며 말했다. 그날 저녁 공책의 한 쪽에는 몇 개의 '수영복' 사진과 '물놀이 그림' 그리고 '젖은 빨래' 라는 단어가 첨가되었다. 가족들은 '갑자기 내린 소나기' 나 '창문의 가리개' 도 우리를 시원하게 하는 것이라고 거들었다.

　냉장고 문을 함부로 여닫는 행동에 대하여 일상적인 주의를 주는 것에서 그쳤을 일이 시원한 것에 대한 관심으로, 그리고 지속적인 탐색으로 연결될 수 있다. 막연한 관심이나 흥미로부터 한 가지 주제에 보다 초점을 두어 생각을 조직해 보는 경험이 되는 것이다. 아이들이 물질의 풍요 속에서 많은 것을 보고 경험하며 자라고 있는 듯하지만, 자신이 접하고 있는 현상을 생활 속에서 논리적으로 생각해 보는 기회는 그리 많지 않다.

　어느 무덥고 습한 날, 엄마와 아들은 둘이서 만든 책 '우리를 시원하게 하는 것' 을 펼쳤다. 때마침 창밖에서 소슬바람이 불어온다. 아이는 말한다. '바람' 도 써야 돼요!

19. 색다른 표정과 느낌을 만나 보자

아이와 함께 밖에 나가면 아이는 으레 한눈을 팔게 마련이다. 때로는 모래밭에 앉아서 재촉하는 엄마의 말에 아랑곳하지 않고 조금만 조금만 하면서 모래를 주무른다. 겨우 손도장 두어 번 찍어 보고 발로 몇 번 눌러 본 채 아쉬운 듯 엄마를 따라 들어온다. 이때 엄마는 1분만 여유를 가져 보자. 아이는 모래를 쥐고, 손가락 사이로 흘려 내려 보거나 손바닥에 부으면서 촉감적인 자극을 느낀다. 또 자신의 손바닥을 도장처럼 모래에 눌러 찍고는 생긴 모양을 확인하며 반복하기도 한다. 똑같은 손이지만 손뼉 치는 손, 과자 먹는 손 등으로 생각을 도와줄 수 있다. 물론 아이들과 함께 두꺼비집을 짓거나 물을 부은 축축한 모래로 빈 통이나 뚜껑을 이용하여 여러 모양의 떡이나 과자를 만들어 보게 하면 더 좋을 것이다. 그리고 엄마 손도 하나

찍어 줄래? 하고 제안함으로써 아빠 손, 형의 손, 오빠 손, 삼촌 손, 고모 손 등으로 확장해 볼 수도 있다. 또 서서 발로 찍어 볼 수도 있고, 손바닥을 구부리고 찍었을 때, 손을 옆으로 또는 힘을 쭉 빼고 찍었을 때는 어떻게 다른지 제안해 볼 수도 있다.

모래 위에 찍힌 다섯 개의 손이나 발은 이제 더 이상 똑같은 아이의 손이나 발이 아니라 여러 사람의 것으로 생각이 전개된다. 모래밭에서 더 지속할 수 있고 집으로 돌아와 달력 뒷장을 펴 놓고 손을 더 그려 볼 수도 있다. 조금 나이가 든 아이들은 단순히 자기 손을 반복해서 그리는 것만으로는 성에 차지 않는다. 몇 개 그리고는 곧 새로운 놀이를 찾아다니거나 조르기 마련이다. 이때 다양한 손의 표정과 느낌을 계속 찾아 보기로 한다. 손에는 참으로 다양한 표정과 느낌이 있다. 손을 쭈욱 폈을 때, 상대방에게 내밀었을 때, 공을 받으려고 할 때, 두 손을 불끈 쥐었을 때, 물건을 잡을 때 손의 모습은 다르게 연상된다. 또 더러운 손, 깨끗한 손, 향긋한 냄새가 나는 손, 주름진 손의 표정은 모두 다를 것이다.

이제 이 많은 손은 단순한 손이 아니라 이야기가 있는 손으로 연결되고 확장되기 시작한다. 무심히 서 있는 한 그루의 평범한 나무가 아니라 그 나무에 얽힌 이야기가 있다면 오래 머무르고 생각할 수 있는 기회가 된다. 얼마 전 푸른 산 여기저기 수놓은 듯 붉게 핀 철쭉을 기억해 보자. 여기 한 모둠 저기 한 모둠 흐드러지게 핀 꽃을 볼 때 참 아름답다는 생각이 든다. 잠시 후 꽃방석 같다는 생각이 들면 여러 가지 방석의 모양을 떠올리게 된다. 꽃이 핀 모습을 동네 여자 아이들이 치마를 접고 쭈그리고 앉아 있는 뒷모습 같다고 표현한 어느 시인의 글을 읽은 뒤로는, 온 산에 예쁜 아이들의 뒷모습이 여기저기 보여 정겹기 그지없었다.

모래밭에서 더러워진 손이나 손바닥 그림을 본뜨고 그리느라 얼룩진 손을 씻게 될 때 목욕통에 물을 가득 담아 물놀이를 해볼 수도 있다. 수영복이나 간단한 속옷을 입으면 더 신날 것이다. 인형을 목욕시키고 물건을 둥둥 띄우기를 좋아하는 아이들에게 꼭 상점에서 산 인형이 아니더라도 그림이나 스티커를 책받침에 붙여서 띄워 줄 수도 있고, 색종이나 스타킹 커버비닐에 오린 그림을 넣어 줄 수도 있다. 여러 나라 사람의 모습을 오려서 코팅하거나 스타킹 또는 양말 커버비닐에 넣어 띄어 주면 아이들은 다양한 사람놀이를 즐긴다. 어디 세계 여러 나라 사람이 모여 즐기는 수영장이 따로 있겠으며 시원한 바다가 따로 있겠는가? 아이는 각자 누워 있는 사람의 입장이 되어 여러 가지 표정과 느낌을 만나기 시작할 것이다.

생각에 날개를 달면 이리저리 날아다닐 수 있게 되고 '시공을 초월한 세계를 경험할 수 있을 것이다. 그러나 날개를 달았다고 해서 모두 날아다니는 것은 아니다. 나는 데는 그만큼 에너지와 시간이 요구된다. 그것이 바로 생각하는 힘을 기르는 일이다. 30초를 날고 힘들어 하는 아이를 몇 시간 자유롭게 날게 하려면 지속할 힘이 있어야 한다. 아이들은 누구나 기발한 생각을 하기 마련이다. 그 순간을 놓치지 말고 격려해 주자. 우리는 걸음마를 시작하는 아이를 앉혀만 놓지 않는다. 걷기를 시작할 때 신기하게 쳐다보고, 지켜보며, 박수를 쳐 주고 기뻐했던 일을 기억할 것이다. 새로운 생각을 할 수 있는 여유를 주고 마음껏 응원해 보자. 여기저기 데리고만 다닌다고 해서 다양한 체험과 다양한 생각을 하는 것은 아니다.

힘이 들어간 손, 우유컵을 들 때의 손, 무거운 상자를 드는 손, 결혼반지를 낀 신부의 손, 굵고 쭈글쭈글하고 힘없는 손이지만 우리들을 먹이고 입히고 닦아 주신 할머니의 손, 매일 가야금 연습을 하며 굳은살이 박힌 손 등이 있다. 이렇게 수십 가지 손의 표정과 느낌을 만나 보는 동안 '아내에게 바치는 노래'에 나오는 젖은 손도, 손잡고 노래하는 아이들의 힘찬 노래 가사도, 안타까운 심정이 손에 땀을 쥐게 하였다는 동화의 구절도 모두 찾아낼 수 있을지 모른다. 생각을 배양하고 끊임없이 껴안고 기르는 부화의 과정을 통해 창조적 영감이 떠오르듯이 평범한 손 찍기나 물놀이에서도 다양한 생각을 할 수 있는 기회를 주어야 할 것이다. 사람을 처음 만나 바로 사귀는 것이 아니듯, 이것저것 보게 하고 다양한 경험을 했다고 해서 창의적 생각을 하는 것은 아니다. 결코 특별한 일이 아니더라도 아이가 생각에 날개를 달고 훨훨 날아서 미지의 세계나 독특한 자신의 공간을 접하도록 도와주어야 한다. 이런 일은 어느 여

름날 일상적인 놀이에서도, 늘 보고 만지는 놀잇감이나 책에서
도, 엄마 아빠와의 한마디 이야기 속에서도 얼마든지 쉽게 만
날 수 있는 것이다.

20. 성취의 과정을 밀도 있게 조명하자

우리는 골프나 운동선수 이야기를 자주 화제에 올리곤 한다. 한국 선수들이 세계 여러 대회에 나가 이름을 떨치는 일이 자주 보도되고 있다. 언젠가 박세리 선수의 우승이 확정되는 순간 숨을 죽이던 사람들은 탄성을 질렀다. 그러고 나서 이어지는 말들은 대체로 "상금이 얼마인가?" "돈 엄청나게 벌었다." "팔자가 늘어지겠다."와 같이 우승이 가져다주는 보상에 관한 것들이었다. 사실 '팔자가 늘어진다'는 말은 아마도 평생 편안하게 살 수 있겠다는 부러움의 상징적 표현이기도 하다.

우승컵을 뺨에 대는 순간 사람들의 갈채가 이어지고 눈물이 글썽한 우승자의 모습이 화면을 가득 채울 때 가슴이 뭉클해지는 것은 누구나 공감하는 일일 것이다. 이처럼 세계무대에 나가 성공한 우리나라 사람들의 업적이 높이 평가되는 것은 매우 대견하고 자랑스러운 일이다.

그러나 우리는 때때로 과정을 간과하고 결과의 칭찬에만 신경 쓰는 모습을 보이기도 한다. 빛나는 성취의 기쁨을 맞이하는 순간까지 그가 흘린 땀과 눈물 그리고 고통을 견딘 노력에 대해서는 대수롭지 않게 여긴다. 신문기사가 온통 '박세리 얼마나 받나?'에 관련된 내용이었고 앞으로 여러 대회에서 우승하게 될 경우 박세리 선수가 받을 보상이 목록화되기도 하였다. 물론 그러한 오늘이 있기까지의 과정에 대해 언급이 없었던 것은 아니지만 '공동묘지에서 담력 길렀다' '아버지가 지독하게 훈련시켰다'는 등 일부에 치우친 경향이 있었다. 운동선수든 피아니스트든 어떤 분야에서 성공한 사람들이 어떻게 어려움을 극복하여 이 자리에 있게 되었는지 보다 밀도 있게 조명한다면 자라나는 우리 아이들에게 교육적인 효과를 기대할 수 있을 것이다.

앞으로 누리게 될 영예에 대해서는 이야기하면서도, 그가 위기에 처했을 때 어떻게 일어섰으며 어떻게 자신과 싸워 이겼는가에 대해 이야기할 기회는 비교적 많지 않았다. 조금 더 멀리 공을 날리기 위해 몇 시에 일어나서 훈련을 했으며, 졸음을 어떻게 이겨냈고 그럴 때 마음의 각오는 어떠했는지에 대해서는 소홀했다는 생각이다. 한 인간의 성공이 우연으로 간주된다면 땀 흘려 노력하는 진정한 아름다움은 그만큼 의미가 감소될 것이다. 그리고 아무도 노력하지 않을지도 모른다.

날아가는 새를 자유롭다고 부러워할 것만이 아니라 새의 가슴이 땀으로 젖어 있음을 기억하자던 어느 시인의 말이 생각난다. 우리는 저절로 행운이 따라 주지 않는다는 것을 알고 있다. 빛나는 성취 뒤에는 눈물겨운 자기와의 싸움이 있다는 것도 알고 있다. 하지만 그 과정을 이겨냈을 때 진정 자유로울 수 있음을 아는 것만으로는 충분하지 않다. 자유는 결코 꿈이나 환상이 아니기 때문에 즐거움을 느끼기까지의 과정을 보여 주고 연결해 줄 때 아이들은 성취의 기쁨을 위하여 성실하게 삶을 이어갈 것이며 우리는 다음 세대가 짊어지고 나갈 미래에 대하여 보다 큰 희망을 걸 수 있을 것이다.

21. 가짜 엄마 진짜 아들

우리 아이가 다섯 살 때 아이 친구가 집에 놀러 온 일이 있었다. 그날도 여느 때처럼 두 아이는 단짝이 되어 놀았고 나는 급히 책을 주섬주섬 챙기고 있었다. 우리 아이의 친구가 나에게 물었다. "○○ 엄마는 왜 학교에 다녀요?" 나는 적절한 답변을 얼른 찾지 못하다가 "왜? 학교에 다니면 안 되니?" 하고 되물었다. "공부를 가르치려고." "공부해야 되니까." 하는 일상적인 대답보다는 의아해 하는 그 아이의 이야기를 듣고 싶었다. "학교에 다니는 엄마는 가짜 엄마예요." "왜?" "우리 엄마가 학교에 다니는 엄마는 가짜 엄마라고 했어요." "그래? 그럼 진짜 엄마는 어떤 사람인데?" 나는 놀란 가슴을 조금 누르면서 조심스레 물었다. "요리 학원도 다니고 영어 학원도 다니고 그래요." 참 재미있는 대답이었다. "○○ 엄마는 왜 학교에 가고 엄마는 왜 학교에 안 가요?" 하고 물은 아이에게 그 아이의 엄마는 "학교에 안 가고 집에 있으니까 좋지 않니?"라고 했을 수도 있고, "엄마가 요리 학원에도 가고 매일 맛있는 것도 해 주니 정말 좋잖아?" 하고 대답했을 수 있다. 이런 어머니에게 아이가 "그럼 진짜 엄마네."라고 했을 수도 있을 것이다. 이야기 끝에 우연히 묻는 아이의 질문에 대답이 오가다 보면 얼마든지 일어날 수 있는 일이었다.

아이들의 사고는 자기중심적이고 자기가 알고 있는 어떤 특징을 나름대로 일반화하는 일이 많기 때문에 충분히 있을 수 있는 일이었다. 그러나 나에게는 한동안 그 일이 머릿속을 떠나지 않았다. 시간이 흐른 뒤에도 때때로 그 아이의 말을 생각해 내는 나를 보고 스스로 놀라기도 하였다. 공부하는 직업을 택한 나의 삶 저 밑바닥에 침전되어 있는 어려움을 되새기게 했기 때문이었을까? 아니면 그나마 열심히 살고 있다고 생각하는 나를 대변하는 작은 분노였을까? 어떻게 하는 것이 좋은 엄마인지 나 자신도 결론 내리지 못하는 끊임없는 감정의 사슬과 삶의 과정에 대한 경종이었을까? "엄마 또 학교에 가? 가지 마." 하면서 치마폭을 붙들던 눈동자를 뒤로 하고 학교로 향하던 때의 미안함과 안쓰러움을 기억하게 했기 때문이었을까?

한국에 두고 온 아기가 걸려서 밥 먹을 때마다 아기의 빈자리에 국을 조금 떠 놓고 밥을 먹는다던 유학생 부부가 있었다. 오늘 그 후배가 유난히 생각나는 것은 웬일일까? 오늘밤 아이의 책상에서 '바독이' 라고 쓰던 것을 '바둑이' 로 쓰게 된 성장을 발견하고 몰래 감격할 수 있음에 감사한다. '가짜 엄마' 인 나는 오늘도 변함없이 기원한다. 먼 훗날 내 아이가 성장하여 나의 어머니가 어떤 형태로든 열심히 살았음을 기억하는 '진짜 아들' 이 되어 주길 감히 기대한다. 그리고 그러한 진짜 아들이 이 땅에 더욱 많아지기를 소망해 본다.

22. 다 그런 거지 뭐

어느 할머니가 조카딸에게 편지를 쓰려고 생각했다. 생각
났을 때 바로 썼으면 한두 시간 안에 모든 일이 끝났을 수도 있
었다. 그런데 편지를 어디에다 쓸 것인가 생각하니 마음에 드
는 마땅한 편지지가 없었다. 편지지를 사러 나가야겠다고 생각
하는 데도 한참이 걸렸다. 입고 있던 대로 외출할 수 없을 것
같아 옷을 갈아입고 가려니 계절이 바뀔 때라 구두가 마땅치
않았고, 이럭저럭 한참 후에야 편지지를 사 오게 되었다.

편지를 쓰려고 마음먹었을 때와는 달리, 한참 후에 쓰려니
줄줄이 떠오르던 사연이 어디론가 가 버리고 생각이 풀리지 않
았다. 얼마 후에 마음을 가라앉히고 편지를 썼다. 이제, 쓴 편
지를 부치러 나가면서 무슨 양산을 쓰고 갈지 고민하고, 이것
저것 다른 일을 하다가 망설이고……. 그러다 보니 며칠이 지

나서야 편지를 부치게 되었다. 이러한 할머니의 모습이 오히려 정겹게 느껴지는 것이 사실이다. 그러나 삶의 여기저기에서 우리는 단 몇 분이나 몇 시간이면 될 간단한 일을 때에 따라 일주일, 한 달 혹은 해를 넘기는 수가 있다.

파킨슨이라는 학자는 다원화된 조직 사회에서 그 조직의 의사를 형성하고 일을 처리하거나 관리하는 데 있어서도 비슷한 현상이 나타날 수 있음을 설명하였다. 즉, 대규모 조직에서 가장 일반화되어 있는 전형적 형태로서의 관료조직은 해마다 업무량과 관계없이 구성원을 늘리는 경향이 있으며, 따라서 형식주의에 빠질 수도 있다는 지적이다. 물론 이 이론의 옳고 그름을 논하려는 것은 아니다. 이는 생활과는 또 다른 차원의 것인지도 모른다.

나태해지는 우리의 생활에서도 비슷한 문제가 나타난다. 조금만 적극적으로 하면 될 일이 머릿속에, 마음속에 놓인 채 한 달, 두 달, 계절이 바뀌고 해가 바뀌게 된다. 그러다 보면 처음에 조금 늦어질 때는 조바심이라도 갖다가 많은 시간이 가 버리면 "다 그런 거지 뭐." 하고 합리화해 버리기도 한다. "다 그런 거지 뭐."라는 말은 상당히 너그럽고 융통성이 있어 때로는 매력을 느끼기도 한다.

그러나 때로는 이러한 생각 때문에 할 수 있는 많은 일을 뒤로 제쳐 놓고 무책임하게 팽개쳤는지도 모른다. 방대한 조직 사회에서처럼 나 혼자의 책임이 아니라는 생각 때문에 공동의 책임으로 미루고는 결국 아무도 책임지지 않는 상태인지도 모른다. 대강 '오늘도 무사히' 지내다 보면 그럭저럭 세월이 가는 동안 나태해지는 일들, 머릿속에 생각은 가득하면서도 실천에 옮기지 못하는 일들이 생겨난다. 이러한 문제의 원인을 '나' 안에서 찾지 못하고 다른 곳으로 돌리게 되고, 결국은 내가 해야 할 일이 아닌 것처럼 생각해 버리고 안주하게 될까 두렵다.

창밖에 비가 내린다. 오랫동안 소식을 전하지 못한 친구에게 오늘은 꼭 전화를 해야겠다. 아니 달려가 만나 봐야겠다. 그리고 "살다 보면 다 그런 거지 뭐."라는 말을 즐겨 쓰지 않기를 다짐해 본다.

23. 아날로그 시계의 교훈

당신은 아날로그식 시계를 가지고 있는가? 아니면 디지털 시계를 사용하고 있는가? TV에서 "아날로그 시계가 9:00를 알려 드리겠습니다." 하면 몇 초전부터 바늘이 움직이기 시작하고 정각을 알리는 동시에 뉴스를 보도하던 생각이 난다.

아날로그란 '닮았다(analogue)' 는 그리스 말에서 유래된 것으로, 어떤 자료를 연속된 물리적 양으로 나타낸 것이다. 이에 비해 디지털(digital) 방식은 자료나 측정결과를 수치로 바꾸어 처리하거나 주판과 같이 개별적인 수량을 취급하는 것으로, 디지털 시계는 아날로그 시계처럼 바늘을 사용하지 않고 숫자로 그 시각을 나타낸다.

우리는 분명 아날로그 시대로부터 디지털 시대로의 변화된 삶을 살고 있다. 디지털은 시계뿐만 아니라 계산기, 지도, 신호

체계, 오디오 디스크 플레이어, 자동차의 속도계기판에 이르기까지 이른바 생활에 일대 혁신을 가져오고 있다. 이것은 분명 정보의 혁신이며 초고속 산업시대의 상징으로 여겨질 수 있다. 그러나 문명의 이기에 따라 우리들의 사고와 태도가 변화되는 것도 결코 간과할 수 없는 일이다.

8시 정각에 지각하는 사람을 잡겠다는 호랑이 선생님도 1, 2분 정도의 융통성은 있을 것이다. 그러나 8 : 00라는 숫자가 켜지는 순간, 자동신호가 울려 출입문이 폐쇄된다든지 출근시간이 입력된다면 거기에는 한 치의 융통성이 허락되지 않을 것이다. 디지털은 분명 사용하는 데 있어 정보전달의 확실성이 뛰어나 시각을 정확히 보는 데는 편리하다. 그러나 몇 시부터 몇 시까지처럼 전체적인 연속선상에서 시간의 흐름을 아는 데는 아날로그식의 바늘시계가 더 도움이 된다.

우리나라의 유아교육과정은 민주시민의식을 기초로 공동체의 발전에 공헌하는 사람을 바람직한 인간상으로 설정하고, 사회 구성원으로서 인정받고 나아가 자신도 만족감을 느끼며 적극적으로 집단생활에 참여하도록 하는 데 초점을 두고 있다. 공동체 의식이란 자신이 하나하나 떨어진 존재가 아니라 친구, 선생님, 가족과의 소중한 관계를 인식하고 나를 이들과 연결하려는 의식의 바탕에서 비롯된다.

협력의 공동체란 고도의 디지털식 사고만 가지고는 이루어지기 어렵다. 조그만 손목시계를 들여다보며 아날로그식의 장

점을 끌어옴으로써 기계화 사회가 안고 있는 디지털식 사고의
단점을 보완해야 한다는 교훈을 되새겨 볼 필요가 있다.
　최근에 디지털인과 아날로그인의 결합으로 디지로그인 시
대가 오고 있음을 경고한 바 있다. 서로 다른 것들의 이질성과
비슷한 것의 동질성이 만나는, 양자를 함께 보는 사람이야말로
다문화·세계화 시대에 양극의 조화와 절충을 찾을 수 있는 지
혜로운 사람일 것이다.

III

가을엔 시인이 되어 보자

아이는 자신의 생각이 언어로, 그리고 문자로 전달되는 과정을 경험하며
가슴 뿌듯한 성취감을 느끼게 될 것이다.
이 가을에는 우리 곁에 있는 작은 시인들의 이야기에
귀 기울여 보자.

24. 양심이 뭐야?

"엄마, 양심이 뭐야?" 아이들은 단순히 생소한 단어를 들었기 때문에 물어보는 경우가 있다. 또는 옳고 그른 것에 대한 관심이 있거나 대화하는 도중에 양심에 관련된 말을 들었을 수도 있을 것이다. 아이들에게는 옳고 그름에 눈뜨고 배우는 시기가 있다. 옳고 그름은 청소년기와 성인기에 이르러 발달되며 유아기에는 특히 '야단맞지 않기 위해 또는 벌 받지 않기 위해서' '착한 아이가 되고 싶어서' 옳은 일을 한다. 다음으로는 '착한 일'이라고 생각되기 때문에 또는 '어른이나 선생님의 기대에 어긋나지 않기 위해서' 좋은 일을 한다.

어느 유치원에서 있었던 일이다. 두 명의 아이가 쓰레기를 버리러 갔는데 가는 도중에 손이 닿기만 하면 딸 수 있는 단감나무 몇 그루가 있었다. 두 아이는 한참 후에야 돌아왔다. 선생님은 "○○야, 왜 이렇게 늦었니?"라고 물었고, 아이들은 "쓰레기를 버리러 가다가 단감을 하나 따서 먹을까 하고 생각했어요." "그래서 어떻게 했니?" "남의 것을 허락 없이 따 먹으면 안 될 것 같아 꾹 참고 왔어요."라고 말했다. 그러자 옆에 있는 아이가 "착한 마음이 이겼어요."라고 힘 주어 말했다.

이와 같은 옳고 그름에 대한 판단은 그러한 생각을 할 수 있는 기회를 많이 줄 수 있을 때 더 잘 자란다. '할아버지께 자리를 양보해야 한다' 보다는 '왜 양보해야 할까?' 라고 생각해 보는 기회를 가져야 한다. 대공원에 놀러가기로 한 날, 시골에 사시는 할머니께서 오신다고 하는데 어떻게 해야 할까? 이런 갈등의 기회를 가진 후, 할머니 마중을 가기로 결정하기까지의 '생각하는 시간' 이 주어질 때 도덕적인 성장과 성숙이 보다 잘 이루어질 수 있다.

양심이 뭐냐고 묻는 아이에게 "사람의 마음속에는 옳고 그름을 판단하는 재판관이 있단다. 엄마나 누가 보지 않아도 마음의 재판관이 옳은지 그른지 결정해서 옳은 일을 하도록 하는 것이란다."라고 설명해 보자. 옳고 그름을 결정하려면 '마음 재판관' 도 생각할 시간이 있어야 하지 않겠는가!

25. 친구가 좋아요

엄마 곁에서 맴돌던 아이가 점점 심심해 하고 바깥에 나가기를 즐긴다. 예전에는 재미있게 놀던 일에도 시큰둥해 할 뿐만 아니라 친구를 데려오기도 하고 놀 친구가 없다며 투덜대기도 한다.

이 시기의 아이들은 밖에 나가 또래와 만나 놀고 싶어 한다. 놀이터에 나가 보면 할머니나 젊은 엄마들이 동행하여 아이들이 노는 과정을 지켜보기도 한다. 이때 사랑이 지나쳐 "이렇게 해라." "이러면 못쓴다……." 하는 식으로 아이의 놀이 방향을 지시하고 어른들의 생각대로 유도하는 경우가 생긴다. 부모가 보기에는 우리 아이가 놀이를 주도했으면 하는 마음이 들겠지만 유아기는 친구를 따라하기도 하고 때로는 앞서 이끌기도 하면서, 일어나는 작은 갈등 속에 타협하는 방법을 배우는 중요한 시기임을 잊지 말아야 한다.

친구관계는 아이들의 정서적 성장에 영향을 줄 뿐만 아니라 사회적으로 우정을 확립하는 중요한 기초가 된다. 전문가들의 연구결과에서도, 따돌림을 당하고 아이들과 잘 어울리지 못하는 아이들은 성인이 되어서도 사회생활에 잘 적응하지 못하고 긍정적인 생각을 하지 못한다는 사실이 자주 지적되고 있다. 이와 같은 우정이 발달하는 데는 순간적인 친구관계, 일방적인 도움의 관계, 상호도움을 주는 관계, 친숙하게 감정을 나누는 관계 및 성숙한 우정을 갖는 단계에 이르기까지 여러 단계가 있으나 3~5세 유아는 주로 순간적인 놀이친구관계가 대부분이다. "우리 옆집에 사니까." "바비인형을 가졌으니까." "달리기를 잘하니까."와 같이 소유물이나 자기보다 나은 기술 등의 아주 사소한 것들도 모두 친구가 되는 이유이다.

이렇게 사소한 이유가 우정의 발달에 중요한 자원이므로 친구로 느낄 수 있도록 도와주는 것이 좋다. "그래 친구가 왔구나!" "너희들은 좋은 친구가 되겠다." "똑같은 신발을 신었구나." "둘 다 스티커를 좋아하는구나." "맛있게 먹고 있구나."와 같이 서로 친구임을 북돋아 주자. 어른이 보기에는 별것 아닌 작은 것으로부터 유아는 동질감을 느끼고 서로 친구임을 확인하며 든든한 놀이친구가 될 수 있다.

26. 놀잇감 문화

놀이는 유아의 일과에서 빼놓을 수 없는 중요한 부분이며 놀잇감 즉, 장난감은 구체적 소재이자 재료이다. 좋은 음식에는 무엇보다도 유아의 균형 있는 성장발달에 도움을 주는 영양분이 골고루 포함된 질 좋은 재료가 있어야 하듯이 놀잇감도 이와 마찬가지이다.

놀잇감은 유아의 안전과 발달 그리고 놀이의 유형에 지대한 영향을 미치게 된다. 어떤 재료에 따라 어떤 음식이 만들어지는가와 마찬가지로 어떤 놀잇감을 가지고 노느냐에 따라 놀이의 유형, 확장의 정도와 질 그리고 놀이문화가 달라진다. 궁극적으로는 유아의 생활문화, 나아가 가족과 사회의 문화가 달라질 것이다.

놀이의 영향에는 여러 가지가 있다. 예를 들어, 위험한 장난감은 특히 안전과 발달에 좋지 못한 영향을 주며 칼, 총, 뽑기 등의 장난감은 한 가지 기능밖에 하지 못하므로 주어진 용도에 따라 극히 제한된 놀이를 하게 된다. 또한 다양한 기능을 통한 확산적 놀이를 도와주지 못하므로 탐색, 상상, 구성을 하는 데 제한적인 것이 당연하다. 이러한 놀잇감은 대부분 실제 사물과 같은 모양이나 형태를 조잡하게 모방하여 만들어져 있다. 이러 한 놀잇감은 대부분 고정되어 있어 매우 제한된 용도로 사용되 며, 상대적으로 표상하거나 상상할 수 없다는 한계가 있다. 또 한 놀잇감을 가지고 노는 동안 서로 의미 있는 경쟁과 협동을 이끌어 내지 못하므로 사회·정서적인 측면에서도 타인의 감 정을 이해하거나 안정감을 갖는 데 별 도움이 되지 못한다.

일찍이 프뢰벨은 장난감을 은물 즉, 신이 준 선물이라고 하 였다. 원, 육면체 등 기하학적 형태의 물건을 가지고 노는 동안 우주의 수학적 체계와 구조를 통하여 신비한 세계를 경험함으 로써 신의 형상을 닮을 수 있다고까지 하였다.

사실과 똑같은 물건이라도 사회적·교육적으로 부적절하거 나 바람직하지 않은 방법으로 만들어진 것과 공들여 다듬어져 서 아름다운 이미지를 정교하게 표현한 것은 분명 구별된다. 또 위험한 장난감은 대부분 크기, 무게, 색채, 색감, 재질 등에 있어 유아에게 매력적이지 못하며 안전하거나 견고하지도 못 하다.

좋은 장난감은 유아에게 안전하고 발달에 적합한 것이어야 하고, 활동이 왕성한 아이들의 대·소근육을 움직여 줄 수 있어야 한다. 또한 다양한 상상력을 불러일으킴으로써 사고를 깊게 하고 정교화할 뿐 아니라 또래관계를 위한 질적인 매체의 역할을 할 수 있어야 한다.

놀잇감은 무심히 지나쳐 버리기 쉬운 것이나, 아이들 생활을 좌우하는 중요한 매체이다. 또 내 아이가 가지고 놀지 않는다고 해서 방관할 문제도 아니다. 사회 전체의 문화를 오염시킬 수 있기 때문이다. 만일 그런 장난감에 빠져 있다면 무조건 놀지 못하게 하기보다는 우선 손이나 몸을 많이 움직이는 장난감이나 놀이를 포함하여 건전한 놀잇감으로 대체함으로써 점진적으로 수정해 나가야 한다. 부모나 사회가 건전한 대안을 통해 놀잇감의 사회화·문화화가 이루어지도록 해야 할 것이다.

문화란 우리도 모르는 사이에 '가랑비에 옷 젖듯이' 스며들고 변하며 그러는 사이 어느새 그 안에 소속되기 때문에 우리 아이들에게 보다 교육적인 놀잇감이 무엇인지를 항상 고민해야 한다.

27. 나이 차이가 있어 **따돌림**을 받는 아이

아이들이 가정이라는 테두리를 벗어나 유치원이나 어린이 집이라는 또 하나의 사회에 발을 내딛는 순간부터 아이가 갖는 두려움이나 부모가 겪는 걱정 중 하나가 우리 아이가 혹시 따돌림을 당하지 않을까? 하는 것이다. 언젠가 다섯 살 된 딸아이가 따돌림을 당하는 것 같아 걱정하는 아버지를 만난 적이 있다. 그 아버지는 교육에 대한 관심도 높았다. 딸아이는 '영재 교육원' 성격을 지닌 교육기관에 다니는데 일곱 살 난 아이 4명과 다섯 살인 자신의 딸아이가 같은 반이라고 하였다. 혼합반(3~5세)의 경우에 이런 일은 자주 일어날 수 있으며, 특히 이 아이의 경우 같은 연령의 친구 없이 혼자여서 외톨이가 될 수 있다는 가능성을 배제할 수 없었다. 또한 어떤 교육기관인지와 프로그램이나 학습편성, 구성들도 고려해 보아야 한다. 우선은 그 아버지께 다른 아이와 재미있는 활동을 해보는 기회를 제공하면서 자녀와 대화를 나누는 시간을 많이 갖도록 권하였다.

자녀를 양육하는 데 있어 부모들이 관심 있게 지켜봐야 할 것들이 많이 있겠지만, 행복한 삶을 위해 준비하려면 무엇보다도 놀이를 통한 학습과 바람직한 친구관계를 배우는 것이 중요하다. 특히 3세 이전의 영아기에는 부모나 성인과 신체적·정서적으로 유대관계를 형성하는 것이 필요한데, 이와 같은 애착이 형성된 아이는 어른들로부터 사랑받고 있다는 느낌과 확신을 갖고 안정감을 얻으므로 자신이나 다른 사람도 신뢰하게 된다. 그러는 가운데 자연스럽게 사회화되는 과정을 도울 수 있다. 이렇게 하여 사회적 관심이 발달되고 공감능력과 타인에 대한 이해도 확장되면서, 3세 이후부터는 초기의 안정감·소속감이 사회적 관심으로 심화·확대되고 문제를 해결하는 과정에서 지적으로도 성취감을 느끼게 된다.

그러므로 이 시기의 아이가 있는 부모들은 대부분 위의 다섯 살 된 딸아이 아버지와 비슷한 걱정을 하게 된다. 이런 문제를 느꼈을 때, 유치원이나 어린이집에서 자녀들을 집으로 데리고 오는 도중이나 돌아오자마자 '식지 않은' 이야기를 나누는 것이 정서분출에 도움이 된다. 또 아이들은 별것 아닌 조그만 공통점에 친구라는 점을 발견하므로 친구를 집으로 초대하여 함께 재미있게 노는 경험을 갖게 하는 것도 문제해결의 실마리가 될 수 있다.

아이가 따돌림을 당한다고 생각되는 순간 부모는 마음이 아프고 모든 것을 이와 연결하여 생각하게 된다. 아이가 조금만 울적해 보이고 신경질을 내도 그 원인을 모두 따돌림과 연결하여 생각하게 된다. 우선은 어느 정도 따돌림을 당하는지 그 정도가 어떤가의 문제를 파악하자. 가령 동생을 그 전보다 많이 때린다면 그 횟수가 늘었는지, 얼마나, 어떻게 심해졌는지 관찰해 볼 필요가 있다. 또 아이들이 언제, 무슨 일로 놀아 주지 않는지 등을 자세히 물어보고 이야기해 보아야 한다. 물론 정도가 심하다면 환경을 바꾸는 문제도 고려해 볼 수 있겠지만 극복이 가능하다면 오히려 인간관계를 튼튼하게 유지하는 데 필요한 훌륭한 사회적 기술과 성장을 기대할 수 있을 것이다.

위의 아버지처럼 따돌림을 당하는 아이 때문에 걱정하는 부모님이나 선생님이 있다면 좀 더 구체적인 관찰을 해 보고 아이가 자신이 느끼는 감정이나 정서를 명확하게 인식하는 기회를 갖도록 해야 한다. 먼저 따돌림을 받는 것처럼 보이면 다양한 방법으로 긴장감을 풀 수 있도록 도와주어야 한다. 감정이 상할 때 자신이나 주변을 학대하지 않고, 보다 나은 방법으로 감정을 다루는 것도 이 시기에 배울 수 있는 소중한 기술과 태도이기 때문이다. 그리고 자신이 좋지 않은 감정(저 아이들은 나랑 안 놀아 줘. 나를 때릴지도 몰라…….)이나 부정적인 정서를 다룰 수 있는 기회를 통해 자신을 조절해 보는 경험도 가질 필요가 있다. 이를 두고 학자들은 자기 동기화를 높인다고 말한

다. 즉, 지금 몹시 기분이 상했구나! 네 마음이 어떠니? 어떻게
하면 좋을까? 와 같이 대화를 통해 마음을 순화하는 기회를 갖
는 것이다.

　다른 사람의 감정이나 마음을 읽을 수 있는 책읽기는 마음
을 순화하면서 자신의 감정을 다스리고 적절히 표현하는 방법
의 하나이다. 동화책 속에 주인공을 통해, 어떤 마음일까? 너라
면 어떻게 하겠니? 속상한 마음을 주인공은 어떻게 나타냈니?
너도 주인공처럼 해 보겠니? 등의 대화를 나누며 사회적인 기
술을 간접적으로 배울 수 있는 것이다.

28. 친사회적 행동 지도하기

친사회적 행동은 다른 사람을 도와주거나 이익이 되도록 행동하는 것으로 정의된다. 친사회적 행동이 일어나려면 타인의 시각적인 관점을 추론하여 알아내는 지각적 조망 수용, 다른 사람의 입장에서 행동하고 생각할 수 있는 역할담당 능력과 타인의 감정상태를 공감하는 감정이입이 일어나야 한다.

최근에 이와 같은 친사회적 행동에 관한 연구는 돕기, 나누기, 협력하기, 위로하기 이외에도 의사소통, 친구에게 근접할 수 있는 기회 찾기, 리더십 등과 같이 보다 넓은 사회적 행동으로 그 개념적 영역을 넓히고 있다.

이러한 행동들을 격려하고 사회화하기 위하여 교사나 성인들은 무엇을 할 수 있을까? 여러 학자들이 공통적으로 지적하고 있는 준비, 관찰, 개입의 역할에 대해 유치원이나 어린이집에서 아이들이 좋아하는 쌓기놀이영역을 예로 들어 살펴보기로 하자. 또한 가정에서도 이와 같은 교사나 성인의 지도를 참고할 수 있다.

❖ 준비

• 계획자로서의 역할인식

존슨이라는 학자는 블록을 이러저리 옮기는 단계(2세 이하)에서, 블록 한 개를 기차나 자동차처럼 밀고 다니는 단계(2~3세), 다리(3세), 폐쇄공간(3~4세)을 만들다가 장식과 패턴을 사용(4세)하며 구조물에 이름을 붙이고, 나아가 상징과 표상(4~6세)이 활발해짐으로써 사회극 놀이로 발달되는 과정을 설명한 바 있다. 또한 교사는 자기중심적이며 주관적으로 조망하는 유아의 발달수준이나 능력을 파악해야 하며, 협동적 놀이로 발전되도록 하는 데는 충분한 시간과 공간이 필요하다는 것을 알고 총체적으로 구상, 계획해야 한다.

• 환경의 구성 및 준비

탑이나 성을 쌓을 때는 다양한 블록은 물론 사람, 자동차, 동물, 나무 등의 모형이나 소품이 있으면 좋을 것이다. 또 키만큼 쌓아 볼 때 색테이프나 긴 끈이 준비된다면 높이를 같이 재어 보는 활동으로 확장될 수 있다. 동물우리를 꾸며 볼 때에도 플라스틱이나 봉제로 된 동물모형, 울타리, 동물우리로 쓸 수 있는 낮은 상자 등이 필요할 것이며 초원이나 농장의 동물사진도 준비하면 그 효과가 클 것이다. 쌓기놀이영역의 자료와 벽면 및 환경이 친사회적 행동을 증진시킬 수 있는지 점검해 보며, 불필요한 가리개를 치워 주는 일도 포함한다.

• 협력의 기회와 동기유발

모든 유아들이 개별적으로 사용할 수 있을 만큼의 충분한 자료 준비가 반드시 좋은 것만은 아니다. 때때로 자료가 부족할 때 상호해결의 기회와 동기가 부여될 수 있다. 공항을 꾸미는 데 우레탄 블록이나 유니트 블록이 다소 부족함으로써 종이 벽돌이나 다른 블록으로 대체하게 되고, 문제를 해결하는 과정에서 충돌과 협동을 경험하게 되는 것이다. 활주로를 만들 때 긴 널빤지 대신 하드보드지를 이어 붙이는 과정에서, 플라스틱 책받침을 연결하는 과정에서 서로 돕고 나누고 협력하며 의사소통하는 것은 집단 내에서 리더십을 발휘하게 한다.

❖ 관찰

관찰은 적절한 개입의 시기와 방향을 판단하는 데 대단히 중요한 과정이다. 언제 도와주어야 할 것인가? 성인의 권위를 감소해야 할 시기를 결정하려면 면밀한 관찰이 요구되며 아울러 여러 가지 관찰에 있어 무엇을 어떻게 볼 것인가에 대한 훈련과 기술도 필요하다. 여기에는 쌓기놀이를 하는 동안 한 유아를 계속해서 추적하는 일, 또는 어떤 특정시간을 정하여 매일 관찰해 보는 일 그리고 자료의 선택, 가장 잘 노는 친구, 갈등상황의 해결, 의사소통의 정도 등을 관찰하는 기술 등이 포함된다.

❖ 개입

• 인정과 수용

성인이 놀이에 개입하는 첫 번째 유형은 인정과 수용이며, 바람직한 친사회적 분위기와 행동이 보일 때 격려하고 강화하는 일이다. 공간블록을 함께 나를 때나 테이블에서 정육면체 블록이나 레고를 함께 만들 때, "너희들 기운이 세구나."라고 하거나 상황에 맞는 적절한 언어적 인정과 수용은 친사회적 행동을 증진시킨다.

• 적절한 질문과 대화

"네가 빌딩을 무너뜨렸을 때 ○○는 기분이 어떨까?"와 같은 질문이나 다른 친구가 네 것을 빼앗아 가면 어떻겠니? "○○가 서 있는 곳에서 이것이 보일까? 와 같은 질문은 지각적 조망수용, 역할담당이나 감정이입을 경험하게 한다. 또 주유소를 쌓아 올린 후 종업원의 가운을 입게 되었을 때 뒤로 달린 단추를 채워 주도록 요청함으로써 자신들의 능력을 발휘할 기회를 갖도록 한다. 몇 개 쌓아 올려진 블록을 보며 "멋진 건축물 같구나.” “건물 옆은 주차장이니?”와 같은 대화를 시도할 수 있을 것이다. 이때 개방적 질문이나 문제해결식 질문이 친사회적 행동을 돕는다고 해서 무조건 피상적인 질문을 하면 유아가 오히려 부담스러워 할 수 있다. 목욕탕을 만들기로 했을 때 “목욕탕을 얼마나 크게 만들까?”보다는 “목욕탕에서 무엇을 보았니?”와 같은 질문으로 시작하는 것이 보다 쉽게 대화로 이어질 수 있다. 놀이의 흐름을 방해하지 않으면서 가장 구체적이고 쉬운 질문부터 시작한다는 것을 항상 염두에 둘 필요가 있다.

• 환경의 재구성

충돌이 일어났을 때 방해물을 치워 주고 공간을 넓혀 환경에 변화를 줄 수 있다. 또 새로운 놀이재료의 첨가나 놀이영역의 이동을 통하여 유아들의 생각이나 구조의 확장에 대하여 칭찬과 격려하는 과정이 필요한데, 특히 협동적 놀이로 오랜 시간 확장될 때 필요한 방법이다.

기차놀이를 하게 되었을 때 처음에는 유니트 블록으로 조그만 기차를 만들었으나, 점점 표지판과 기찻길을 길게 이어 건널목을 만들고 역, 매점 등으로 확장될 때 필요한 공간을 만들어 주거나 필요한 자료를 활용하도록 도우면서 소꿉영역과 연결할 수도 있을 것이다. 카펫을 중심으로 띠 블록이나 렉스 블록으로 씨름 대회장을 만들다 보면 색 테이프가 첨가될 수도 있다. 규칙을 정하여 씨름을 하게 되면 ‘천하장사 ○○○’와 같은 어깨띠를 만드는 자료가 보충될 수 있고 옆의 소꿉영역은 민속식당으로 바뀌어 환경이 재구성될 수도 있다. 이때 여럿이 함께하는 민속놀이나 서로 음식을 나누어 먹는 장면의 그림 등도 친사회적 동기를 북돋아 줄 수 있을 것이다.

• 선택적인 대안 제시

갈등이나 문제 상황을 해결하기 위한 대안적인 활동이나 의견을 제시함으로써 융통성 있는 다양한 방법을 긍정적으로 검토하도록 돕는다. "왜 넓은 자리가 필요한가?" "비켜 달라고 물어볼까?" "빌딩을 무너뜨리지 않고 덤프트럭이 지나갈 수 있는 방법은 없을까?"와 같이 새로운 생각을 확장시키고, 가능한 한 최선의 방법을 찾도록 하는 일은 그 방법의 결과를 예측하게 한다. 블록으로 함께 만든 배 앞에 다투어 올라타려 할 때, 모두 선장이 되고 싶어 할 때 문제를 분명히 인식하고 함께 절충하고 협의한 후에 스스로 내린 결정에 따르는 과정을 밟게 해야 한다.

• 참여와 교수

쌓기놀이가 진행되는 과정에 성인이 직접 역할을 맡아 참여함으로써 놀이가 보다 의미 있게 확장되고 친사회적 행동이 증진된다. 또한 어떤 개념이나 사실에 대해 이해하도록 설명하고 교수함으로써 유아의 경험이 재구성되고, 놀이계획을 함께 변경해 봄으로써 친사회적 행동이 일어나게 된다. 성을 쌓았을 때 교사가 종 치는 사람의 역할을 맡아 참여할 수 있으며 블록을 이어 동네를 만들 때 스카치테이프로 모든 것을 붙일 수 없음을 알게 되는 것도 유아에게는 새로운 사실이다.

대상연령이 어릴수록 추상적 가치와 절차를 순차적으로 세분화해야 하는 것은 유아교육의 독특한 임무이다. 친사회적 행동 그 자체를 강조하기보다는 상호교류의 기회와 동기를 마련하기 위한 구상과 계획, 적절한 개입이 필요하며, 무엇보다도 바람직한 모델을 제시해야 하는 것도 잊지 말아야 할 것이다.

29. 어떤 '사이'를 가꾸어 갈까?

대학에서 부모교육이라는 과목을 강의한 지 제법 오랜 시간이 지났다. 자녀양육을 다루는 시간이다 보니 해를 거듭할수록 부모와 자녀 사이에 바람직한 '관계'를 설정하는 일에 고민하게 되었다. 언젠가 한 일간지에 실린 '사이'에 대한 글이 이러한 고민을 다소 해소시켜 주었다.

미국에서 가장 바쁘게 활동한 여성 중 하나인 문화인류학자 도로시 여사는 활발한 학문 활동뿐만 아니라 그가 살고 있는 지역의 자원봉사 등 바쁜 사회생활을 하는 여성으로 알려져 있었다. 또한 밖에서 종일 일하다 집에 오면 살림살이를 돌보아야 하는 주부이며 아내이고 어머니였다. 이 눈코 뜰 새 없이 바쁜 생활 속에서 설거지를 마친 다음, 다음날 강의 준비를 하고 나면 온몸이 녹초가 되곤 했다.

어느 날 잠자리에 들려는 순간, 인형이불을 만들어 달라고 조르던 딸과 미루어 오던 약속이 생각나 할 수 없이 졸음을 참고 헝겊을 꿰매기 시작했다는 것이다. 움직여지지 않던 몸으로 졸음을 겨우 이겨 가며 어느덧 그 일에 열중하고 있는 자신을 발견했을 때, 피로감 대신 푸근한 만족감이 가슴을 에워싸는 것을 느꼈다고 했다. 도로시 여사는 바느질을 하면서 자신은 도로시라는 한 개인 이상의 상대적 사이라는 것을 절감했으며 누구의 아내, 어머니, 스승, 이웃이라는 자신의 존재를 깨닫게 되었다고 했다. 그리고 세상에서 가장 살맛나게 하는 것이 바로 '사이'라고 했다. 귀찮고 힘든 일도 나와 관련된 그 누구를 위하여 하게 될 때 보다 의미가 깊어지며, 세상에서 가장 소중한 것은 돈이나 지위 그 무엇도 아닌 바로 '사이'라는 것이다.

우리는 친구 사이, 직장동료 사이, 스승과 제자 사이, 학문과의 사이 등 새로운 관계와 만나게 된다. 그 한 권의 책이, 또 그 한 사람의 친구가 나의 인생을 바꾸어 놓았을 때 그 책이나 친구와 나의 사이는 대단해지는 것이다. 많은 친구 중에, 많은 직장동료 중 한 사람일 수 있겠지만 그와 함께 일하고 생각하며 지내는 시간은 사이를 인정하는 만큼 귀하게 여겨질 것이다.

언젠가 미국의 스필버그 감독이 위대한 영화인으로 선정되었을 때이다. 스필버그 감독은 우리도 잘 아는 영화 '쉰들러리스트', '죠스', '인디아나 존스', 'ET', '쥬라기 공원' 등 수많은 영화를 만들어 냈다. 한 배우가 시상식에서 말했다. 감독님과 우리는 단순히 영화감독과 배우의 사이가 아니라 우리들 삶의 문화를 한 차원 다르게 만드는 사이라고 했다. 나는 어떤 사이를 가꾸어 가고 있으며 어떤 사이의 대상인가? 나의 만남을 어떻게 엮어갈 것인가? 나를 둘러싼 관계들의 소중함을 되새기게 된다.

30. 추석에 보고 느끼고 펼치고 자라나는 생각

추석이 가까워졌다. 음력 팔월 보름날, 가배절, 가위, 중추(中秋), 중추절, 한가위 등의 다양한 말로 불리는 우리의 큰 명절이다. 풍성한 수확을 이루게 한 자연에 감사하고, 가족, 친지 및 이웃의 정에 잠겨 보는 날이며, 햅쌀로 송편과 술을 빚고 햇과일을 올려 조상에게 차례를 지내고 정성껏 성묘하는 날이기도 하다.

명절은 우리를 일상에서 벗어나 스스로를 돌아보게 하고 살아가는 일을 몇 개의 단락으로 구분하여 그 시작과 매듭을 지어 주기도 한다. 왠지 기다려지는 축제와 같은 분위기에 젖으면서 멀리 간 사람을 그리워하고, 소식을 전하고 만나기도 하면서 유대와 결속을 다진다. 동시에 음식, 놀이, 풍습 등을 공유함으로써 과거의 삶을 지금의 생각과 경험으로 연결하면서 지식, 개념, 가치를 포함한 공동의 문화를 가꾸어 가는 것이다.

명절은 단순히 전통적인 역사나 문화를 강조하는 것이라기보다 아이들에게 자연스러운 생활 속에서 그리고 우리 것에서부터 새롭고 다양한 생각이 싹트게 하는 원천이 될 수 있다.

❖ 어른들의 이야기를 들려주기

우리는 살며 지나온 이야기를 어른들끼리는 자주 하지만 아이들과는 별로 나누지 않는 편이다. 이러다 보니 세대 간의 이질감이나 격차도 점점 커지고 있다. 추석 때 엄마나 아빠가 했던 일, 옛날이야기를 자주 해 주자. 옛날이라고 해서 꼭 '아주 먼 옛날' 만 뜻하는 것은 아니다. 작년에 일어났던 일, 아가였을 때 일어났던 일도 옛날이야기가 될 수 있으며 오늘 일어난 일도 시간이 지나면 옛날이 된다. 아버지들의 어린 시절 씨름대회에서부터 몇 년 전 추석 때 성묘 가며 고생했던 일, 엄마의 엄마와 아빠 이야기, 아빠의 아저씨, 동네 아주머니가 농사짓는 이야기, 동네 씨름판에서 이긴 이야기, 송편을 만들다 실수한 이야기, 한복을 입고 넘어져서 옷을 다 버린 이야기도 재미있다.

또한 할아버지 세대로부터 손주 세대로 이어지는 이야기는 단순히 문화전달뿐만 아니라 지나간 세대에 대해 편견을 없앤다. 시공을 초월하여 사람의 마음과 사는 일에 대한 다양하고 폭넓은 세계를 경험함으로써, 자유롭게 생각해 보고 주어진 자

극을 창의적으로 해석하며 다양한 형태로 저장하는 동안 무한
한 상상력이 동원될 수 있다.

　외국에서는 우리나라 추석의 송편을 달떡(moon cake)이라고
하여 동화책에 소개하고 있다. 우리와 모습은 다르지만 음식을
나누고 명절을 즐기는 것은 다른 나라에서도 같다고 알려 준
다. 외국의 추수감사절 등도 좋은 예가 될 수 있겠다. 거두어
들인 것에 대하여 감사하며 함께 나눈다는 뜻은 세계 어느 나
라에서든지 찾아볼 수 있을 것이다. 미국에서 만든 디즈니 만
화 '포카혼타스', '뮬란' 같은 것도 동양이나 다른 지역을 소재
로 한 작품이다. 인간이 가지고 있는 가장 기본적인 정서와 감
정을 자세히 들어다보면 동양이나 서양이나 같은 점을 찾아볼
수 있으며 이러한 통찰력이 모두가 좋아하는 영화를 만들어 낸
것은 아닐까?

❖ 그림 모음책 만들기

　명절 전날이나 명절 아침 신문에 난 차례 지내는 가족의 모
습, 크고 둥근 달 그리고 농악놀이나 잡지에 소개된 강강술래
도 오려 보기로 하자. 천하장사를 TV나 기사에서 보며 씨름얘
기도 할 수 있고, 또 씨름하는 장면도 오려서 모을 수 있다. 적
당한 크기의 파일을 마련해 주고 모아 보도록 하면 추석에 관
한 조그만 책이나 자료집이 된다. 나중에는 한복, 장구, 북, 꽹
과리 그림도 첨가할 수 있을 것이다.

적절한 기회에 아이가 만든 책에 이름을 붙여 보도록 하자. 주변의 정보에 관심을 갖고 찾으려 하는 힘이 생겨날 것이다. 그리고 자신이 발견하고 오려 놓은 그림은 쉽게 기억하여 필요할 때 들쳐 내어 쓸 수 있다. 바로 이것이 정보를 조직하고 적용하는 능력이다. 아이와 만든 책에 '추석'이라고 제목을 지어 줄 수도 있겠지만 그래도 아이의 생각을 확인해 보자. 처음에는 '추석에 하는 놀이'였다가 '추석에 대하여'로 내용이나 분량에 따라 제목이 바뀌어 갈 수도 있겠다. '추석 박사에게 물어보세요'라는 익살스러운 제목도, '추석의 놀이' 또는 '음식'이라는 구체적인 제목도 있겠다. 아이에 따라서는 내용이 늘어 감에 따라 '놀이, 음식, 송편, 씨름' 하고 모든 것을 다 붙이려 할 수도 있다. 이때 놀이나 씨름, 음식이나 송편이 다 같은 거지, '무슨 제목이 그리 길어?'라며 성급히 결론 내지 말자. 아이들은 마치 봄, 여름, 가을, 눈사람이라 분류하듯이 아직 유목 간의 분류능력이 부족하다. 책상 한쪽에 꽂아 두고 추석이 지난 다음에도 관련되는 내용이 나올 때마다 오려서 넣어 두다 보면 자연스럽게 스크랩북이 될 수도 있다.

❖ 사이버 공간을 날아 보기

컴퓨터를 할 줄 아는 아이라면 쉽게 '명절'이나 '추석'을 찾아볼 수 있다. 인터넷 각 사이트에는 화면 가득 추석의 유래, 놀이 등이 다양하게 펼쳐져 있다. 부모님도 자세히 설명해 주기 어려운 역사, 풍습, 놀이방법 등이 그림과 더불어 소개되어 있다. 유리왕이 길쌈을 장려한 이야기, 베를 짜며 임금이 지어 준 도솔가를 흥얼거리며 내기를 하는 이야기, 이긴 편은 춤을 덩실덩실 추고 진 편에서는 맛있는 음식을 마련하여 서로에게 힘을 내게 한 이야기 등 아이와 함께 서라벌 벌판으로 따라 들어가면 어느새 옛 선조의 생활에서 슬기와 지혜를 찾게 될 것이다.

❖ **우리 음악, 우리 놀이를 찾아보기**

추석에는 TV나 라디오를 통해 민속음악 경연대회 또는 '창' 등의 소리를 들을 기회가 많아진다. 막연히 많이 듣고 있다고 해서 좋은 경험이 되는 것은 아니다. 온 가족이 관심을 갖고 출연자나 프로그램에 대해서 대화를 나누는 기회를 가져보자. '그 녀석 소리가 제법 구성지다' 든지 '저분이 우리나라의 명창' 이라든지 하는 어른들의 관심을 아이들은 결코 흘려듣지 않는다. 북장단을 함께 쳐 보아도 좋을 것이다. 음악뿐만 아니라 '고누' 와 같은 우리 전통놀이를 해 보는 것도 재미있다. 뒤로는 후퇴하지 못하나 앞과 옆으로 한 칸씩 가면서 서로 상대편의 말을 잡거나 집을 차지하면 이기는 놀이는 장기판이나 바둑판을 놓고도 쉽게 할 수 있다. 종이에 그려서도 할 수 있다. 아이들의 나이, 상황에 맞게 얼마든지 판을 확대하거나 축소하여 쉽게 어려움을 조절하며 해볼 수 있는 놀이이다. 또한 추석

때뿐만 아니라 언제 어디서나 쉽게 해볼 수 있는 놀이이기도 하다. 이때 이 놀이를 한식 창호지 문살을 보고 생각해 냈다는 옛 어른의 지혜와 아이디어를 이야기할 수 있다면 더욱 좋을 것이다.

❖ 송편 만들기

온 가족이 둘러앉아 송편을 만드는 경험은 아이들에게 좋은 추억이 될 것이다. 추억은 단순히 해 보았다는 경험의 기록이기보다 이야기가 있음으로 해서 의미가 있다. 각자 만든 모양을 견주어 보기도 하고 더 예쁘게 만들어 보려고 이리저리 주물럭거리기도 하는 가운데 웃음과 대화가 있게 될 것이다. "저리 가라. 가 있어라. 다 쪄지면 줄 테니." 하기보다는 송편의 찌기 전과 다 쪘을 때의 모습을 비교하며 들여다보게 해 준다. 송편이 쪄지는 과정은 아이들이 물리적 변화를 경험하는 순간이기도 하다. 프라이팬에 기름을 두르고 지져서 간식으로 먹었을 때와는 다른 요리 방법도 얘기할 수 있겠다. 찌고, 굽고, 튀기고, 볶는 다양한 요리 방법은 사물을 다양한 모습으로 만들고 변화시키는 과정을 터득하게 한다. 바로 문제해결의 원동력이 되는 것이다. 쟁반에 크기 순서대로 놓아 볼 수도 있다. "와! 이건 크다. 맨 앞에 놓아야지." "이건 작게 만들어졌으니 쟁반 끝에 놓을까?"와 같은 말은 사물에 대한 순서의 개념을 익히도록 자연스럽게 도와준다. 수를 세는 것만이 수학은 아니다. 비교하고 분류하고 순서 짓는 활동은 송편의 크기를 구별하고, 자신이 만든 개수가 다른 사람이 만든 개수보다 많은지 적은지 비교하게 한다. 그리하여 큰 송편과 작은 송편이 똑같이 한 개인 것임을 알고 크기와 순서대로 놓아 볼 수 있는 능력이 바로 논리·수학적 사고의 기초가 된다.

차분히 앉아 있을 시간이 허락된다면 송편을 만들었던 순서를 생각해 볼 수도 있다. ① 반죽을 하고 ② 조그맣게 떼어서 손으로 비벼 구슬같이 만들고 ③ 반죽을 눌러서 들어가게 하고 ④ 콩(건포도, 깨)을 넣고 ⑤ 속이 보이지 않게 붙여 가며 모양을 다지고 ⑥ 크고 넓은 쟁반에 놓고 ⑦ 찜통에 솔잎이나 베 보자기를 깔고 ⑧ 송편을 가지런히 놓고…… 기회가 된다면 그 과정을 아주 자세히 생각해 보거나 그림 또는 글로 써 보도록 하자.

성묘를 다녀오면서 올라가서 산소 앞에 술을 따라 드리고, 절을 하고, 풀을 뽑은 일 등의 순서를 생각해 볼 수도 있다. 산소 가서 절하고 온 단순한 일도 자세한 순서를 생각해 보면 10가지의 나열이 가능하다.

❖ 동시 짓기

어른들에게는 명절이 즐길 겨를도 없이 차례 지내러 오가느라 바쁘고 괜스레 부산하게 느껴질 수 있다. 그러나 오르내리는 차 안에서나 성묘길에서 아이들의 감정을 들여다볼 수 있다. 성묘길의 나무나 길거리 모습은 분명 얼마 전 태풍이 몰아치고 비가 오거나, 후텁지근했거나 신록이 우거졌던 때의 모습과는 다를 것이다. 여기저기 산의 색깔이 다르며 때때로 한줄기 스치는 바람도 다른 느낌이다. 또 보름달을 볼 수도 있다. "달을 보면 무슨 생각이 드니?"라는 질문에 처음에는 쉽게 대답하지 않을 수도 있다. 또 아이는 "달 생각이요?" 할 것이다. 창의적이고 기발한 생각을 기대하다가 실망하지 말자. "달 생각 말고 다른 생각은 안 드니?" 하고 강요하지도 말자. 달을 보고 달 생각이 난다는 것은 얼마나 당연한 일인가! "그래, 달이지?" "엄마는 할머니 생각이 난단다." "왜요?" 이야기를 나누는 동안 달을 자세히 쳐다보기도 하고 완전히 노란색만이 아니라 검은 부분도 찾아낼 수 있으며 옥토끼가 있다는 노래 가사도 떠올리게 된다. 검은 부분이 꼭 옥토끼가 방아를 찧는 것이 아닐 수도 있다. "검은 부분은 얼룩 같아." "검은 부분은 공룡 같아요." 이와 같이 나눈 이야기를 동시로 연결해 보자.

달
높이 떠올랐어요
노란색, 검은색, 회색도 있어요
환하고 둥근 달
공룡이 보여요

또 "엄마는 할머니 생각이 난대요."와 같이 표현하거나 "풍선 같아요." "큰 모자 같아요."와 같이 모양, 색깔 등으로 이어 나갈 수 있을 것이다. "고모는 내 얼굴 같대요.", "엄마는 할머니 복주머니 같대요."와 같이 각기 서로 다른 생각과 표현도 엿볼 수 있다.

❖ 한복 입혀 보기

아이들은 놀잇감에 옷을 입혔다 벗겼다 하고 스티커옷을 붙이기도 하며 노는 것을 즐긴다. 추석 때는 아이들에게 한복을 입는 것은 물론 인형에게도 한복 입혀 보기를 제안해 보자. 전통한복뿐만 아니라 개량한복, 생활한복을 볼 기회도 많아졌기 때문에 한복을 그려서 오린 후, 옷 입히며 노는 놀이도 재미있어 할 것이다. 이때 색동옷, 조끼, 동전, 소매, 옷고름 등의 이름도 자연스럽게 알게 될 것이다. 한복을 정교하게 만드는 일은 쉽지 않으니 너무 잘 만들도록 강요하지 말자. 그저 우리 옷을 한번 입혀 보는 것이다. 인형에게도 명절을 맞이하여 우리 옷을 입혀 주면서 가상화해 보는 것이다. 이는 한복을 매개로 생각의 다리를 훌쩍 건너서 인형을 사회·문화적으로 의인화하는 기회가 된다. 거울을 보며 하고 싶은 말을 하도록 격려해 주자. 특히 여자 아이들은 이 놀이를 아주 즐기며 때로는 다양한 형태로 디자인할 수 있다.

세계문화의 이해, 다양한 문화의 이해라는 말을 자주 듣게

된다. 진정한 세계문화의 이해는 내 것이 무엇인지를 아는 것
에서 시작되며, 내 것과 남의 것을 교류함으로써 보다 풍요롭
고 창조적인 삶을 기대할 수 있다. 이번 추석에는 우리 것을 알
아보는 소중한 경험과 아름다운 추억을 만드는 기회를 주어 아
이의 생각이 보다 넓게 펼쳐지고 자라도록 해 주자.

31. '고모'와 '고물'은 같은 사람이야?

명절에는 가족들이 모여 차례를 지내기도 하고 평상시보다 많은 가족과 친척들이 모이기도 한다.

"엄마! 고모와 고물은 같은 사람이야?" 아이가 물었다.

"뭐라고? 고모는 아버지의 누나나 여동생이야"

"그럼 고물은?"

"고물? 고물은 떡고물 팥고물…… 그런 게 고물이지!"

만족스럽게 납득은 잘 가지 않지만 그런 대로 고개를 끄덕이고 만다. 그리고 어른은 어른대로, 아이는 아이대로 다시 바쁘다.

잠시 후 아이가 또 묻는다. "그럼 ○○는 고모야? △△도 고모야?" 친척 중 고모라고 짐작되는 사람들을 일일이 물어본다. 아이가 쉽게 이해하도록 "○○동 고모 있잖아? ○○, ○○엄마." 이렇게 대답해 주기도 한다. 동네 이름이나 아이들 이름을 들추어 고모를 설명하거나 그저 무심코 아버지 여동생이라고 해 주는 말은, 사실 고모라는 관계를 분명하게 설명해 주는 데는 부족할 때가 있다. 아이들이 때때로 다른 사람이 부르는 고모에 대해서 이상하게 생각하는 것을 보면 알 수 있다. "○○가 고모인데 왜 아저씨는 ○○할머니를 고모라고 해요?" 즉, 누구에게나 다 있을 수 있는 고모와의 관계를 생각할 여유를 주지 못한 셈이다. 아빠의 여동생이나 누나라고 했기 때문에 우리 아빠와의 관계만 생각하게 되는 것이다. 심지어는 고모를 이름으로 이해하여 고모와 고물이 같은 것인지 묻는 엉뚱하고도 귀여운 질문을 접하게 된다. 이때 아버지의 누이이기 때문에 너도 고모가 있고 여기 △△도 고모가 있고 아빠도 ○○할머니를 고모라고 부른다는 것을 덧붙여 말해 줄 수 있다. 아빠의 아버지 즉, 할아버지의 누이이므로 그렇다는 설명도 함께 해 준다.

차례를 지내고 난 후 할아버지, 할머니를 중심으로 일종의 간단한 가족표나 가계표를 그려 보도록 하면 도움이 된다. 아빠, 작은 아버지, 고모, 고모, 작은 아버지…… 그리고 옆에 엄마, 작은 엄마, 고모부, 고모부, 작은 엄마 등의 배우자를 그려 본다. 차례에 오신 분과 못 오신 분도 표시해 본다. '오심' '못 오심' 을 구별해 보면 자연히 차례를 지낸 사람의 수와 못 온 사람의 수를 세어 보게 된다. 남자, 여자 또는 어른, 아이가 몇 명인지 세어 보는 것도 자연스러운 수학공부이다. 학교에 다니는 사람과 다니지 않는 사람으로 나누어 보기도 한다. 이때 유치원, 어린이집 선생님이신 고모나 초등학교 선생님이신 작은엄마를 학교에 다니는 사람에 포함하여 셀 것인지 다니지 않는사람으로 셀 것인지 아이에게 생각할 기회를 준다. 그리고 그결정은 어느 쪽이든 아이에게 맡겨도 좋을 것이다. 어느 쪽에넣을 것인가를 고민하는 과정에서 공부하러 다니는 사람과 가르치러 다니는 사람으로, 또는 유치원, 초등학교, 중학교, 고등학교에 다니는 사람으로 나누자는 생각도 나올 수 있다. 그러다 보면 어른이 왜 학교를 다녀요? 어른인데 왜 제일 어린 학교를 다녀요? 하는 질문이 나올 것이며 상황에 따라 직업에 관한이야기, 가르치고 배우는 이야기 등으로 확대될 수도 있다.

어디 그뿐인가? 작은 엄마 배 속에 있는 태어날 아가의 수를세는 문제도 심각할 것이며 아가의 태어남과 축하의 방법, 가족 내의 여러 가지 일 등을 함께 얘기해 볼 수 있을 것이다. '큰' 아버지와 같이 '큰' 자가 들어가는 사람, '작은' 아버지와 같이 '작은' 이 들어가는 사람, 머리가 긴 사람, 짧은 사람으로 구분할 수도 있고, 키 큰 사람에서부터 작은 사람으로 순서화해 보는 과정에서 태어나는 아가는 키가 어느 정도일까?를 '뼘' 이나 '팔' 로 짐작해 볼 수 있을 것이다.

아이의 관심에 따라 차례에 필요한 물건, 차례를 지내기 위해서 식구들이 한 일도 생각해 볼 수 있을 것이다. 예를 들면,

여자들은 음식을 만들고, 남자들은 병풍을 치거나 밤을 치고, 아이들은 심부름하고 놀았다. 다 같이 한 일은 절하고 음식 먹기였다. 차례 때 깎는 밤을 '친다'라고 하며 병풍도 '세운다', '친다', '두른다'라고 표현하는 언어의 확장을 경험할 것이다. 차례 때 글씨 쓰는 것을 '지방'이라고 하는데 '시골' 또는 '기름기'를 뜻하는 말과 같은 발음인 것도 알게 된다.

명절이란 평상시와는 다른 만남의 분위기에 젖으면서 서로 소식을 전하고 유대와 결속을 다지는 뜻 깊은 시간이기도 하다. 그러나 어른들은 음식을 만들고 차례 지내느라 바쁘고 아이들은 끼리끼리 각 방에 몰려 들어가 전자오락을 하거나 자신들의 정보와 소식을 교류하기에만 바쁘기도 하다.

가계표를 그려 구성원을 알아보는 가운데 비교, 분류, 서열화와 같은 수학개념은 물론, 가족의 사정이나 일에 대한 관심과 애정이 돈독해질 수 있을 것이다.

32. 가을엔 시인이 되어 보자

아침저녁으로 서늘한 바람이 느껴진다. 얼마 전까지만 해도 뜨겁게 느껴지던 바람과는 다른 서늘한 바람이다. 창문을 활짝 열고 아이와 함께 먼 산을 바라보며 심호흡을 해 봐도 좋을 듯하다.

'기분이 어떠니?' 창밖에 달라진 모습을 주의 깊게 보면서 느낌을 말해 보아도 좋을 것이다. 창밖의 국화꽃을 내다보며 물어본다. '저게 뭐야?' 하고 아이는 노란 국화꽃을 가리킬지도 모른다. 이때 '꽃이야. 참 예쁘지?' 라고만 하지 말고 국화꽃이라는 이름을 가르쳐 주면 아이는 매우 흥미로워 한다. 만 3~4세 아이들은 친숙한 동물이나 물건의 이름에 흥미와 호기심을 느끼는 시기이므로 많은 질문을 하기 마련이다. 이때에 습득한 단어를 중심으로 아이는 보다 많은 어휘를 이해하고 확장하며 응용할 수 있게 된다. 노란 국화꽃을 본 느낌을 말해 보기로 한다. '파마 국화예요' 아이는 꼬불꼬불한 꽃잎을 보고 이름을 붙이기도 할 것이다. '노란색 파마 국화' '하얀색 국수 국화' 이렇게 이름을 붙이다 보면 '고모 머리 국화' '아저씨 머리 국화'로 확장될 수도 있다. 집 안의 국화 화분을 자세히 들여다볼 기회가 되면 꽃잎의 쪼글쪼글한 모습을 보고 아이는 '라면 국화'라고 할 수도 있을 것이다. 또 화원 근처를 지나다 들러 볼 수도 있으며 기회가 닿는다면 국화 전시회를 둘러보면서 '머리를 늘어뜨린 국화' '긴 치마를 입은 국화' '이마를 마주 대고 있는 국화'라고 표현해 볼 수 있을 것이다.

국화 전시회가 아니어도 감상해 볼 수 있는 대상은 주변에 항상 있기 마련이다. 때로는 도자기들이 늘어져 있는 거리를 지나갈 수도 있을 것이다. '뚱뚱한 도자기' '글씨가 써 있는 도자기' '날씬한 언니 그릇' '뚱뚱한 아저씨 주전자'와 같이 어휘를 확장해 갈 수도 있다. 특히, 이 시기 아이들은 이미 알고 있는 단어를 반복해서 확장해 가는 것에 대단히 흥미를 느낀다. 이렇게 만들어진 대화의 순서를 조정하며 종이에 옮겨 보자.

제목: 국화꽃

노랗고 하얀 국화꽃

노란색 파마 국화

고모 머리 같아요

제목: 도자기

그릇이 많이 있어요

뚱뚱한 도자기

글씨가 써 있는 도자기

날씬한 언니 그릇

뚱뚱한 아저씨 주전자

모두 도자기 가족들

지은이에 자신의 이름을 쓰면 멋진 동시가 탄생하게 된다. 벽에 붙여 놓고 가족들과 함께 어휘를 첨가해 갈 수도 있다. 아이는 자신의 생각이 언어로, 그리고 문자로 전달되는 과정을 경험하게 됨은 물론, 가슴 뿌듯한 성취감을 느끼게 될 것이다. 이 가을에는 우리 곁에 있는 작은 시인들의 이야기에 귀 기울여 보자.

33. 책 보는 시간 만들기

'가을은 독서의 계절'이라고 한다. 계절마다 수없이 많은 책이 쏟아져 나오며 아이들 주변에는 다양한 읽을거리와 볼거리로 가득하게 된다. 그렇다면 아이는 책읽기를 즐기는가? 반드시 그렇지만은 않다.

어떻게 하면 책을 좋아하는 아이가 되게 할까? 우선, 발달 시기에 맞는 책인가 생각해 본다. 3~4세 정도라면 줄거리가 짧고 간단하며 자주 손에 들고 반복해서 볼 수 있는 것이 좋다. 4~5세 정도라면 상상력과 창의력이 발달하는 시기이므로 일상생활, 자연환경, 환상과 모험, 유머가 있는 이야기, 전래동화, 우화 등 다양한 범위의 세계를 경험해 볼 수 있다. 이때 너무 흥미 위주의 만화 등에 빠져 들지 않도록 한다.

다음으로 책을 사 주는 데 인색하지 않았나? 생각해 보자.

로봇 장난감이나 놀잇감은 조를 때마다 사 주면서 책 사 달라고 하면 '도서관에서 빌려 봐라' '○○네 집에 있잖니?' 하고 아까워한다. 그리고 어느 날 전집류를 사 들여놓고 안심하기도 한다. 때때로 단행본을 사는 것도 좋은 방법이며, 어렵다면 근처 공공도서관이나 대여서점에 정기적으로 가는 것도 도움이 된다.

이번에는 아이의 방을 살펴보자. 복잡한 인형, 정리되지 않은 서랍, 여기저기 널린 비디오, 만화책이 즐비하다면 아이는 결코 책을 읽고 싶어 하지 않을 것이다. 아니 읽을 필요가 없다고 생각한다. 쉽게 앉아 비디오로 내용파악이 되고 만화를 슬슬 넘겨 줄거리를 알게 되는데 구태여 책을 잡으려 하지 않을 것이다. 또한 정리되지 않은 공간과 산만한 분위기는 책을 읽고 싶은 마음이 내키지 않게 한다. 문을 빈번히 여닫거나 잦은 전화통화, 웃고 떠드는 소리 속에서 차분해지기는 어렵다. "누구는 시끄러운 곳에서도 잘만 읽더라."와 같은 말은 책에 이미 재미를 붙인 아이에게 해당되는 말이다. 그런 아이는 엉덩이를 들썩일 겨를이 없다. 몸과 마음이 이미 책 속에 빨려 들어가 있기 때문이다. 만화책에 한눈이 팔려 누가 불러도 듣지 못하는 경우를 생각해 보면 알 수 있다.

끝으로 아이가 책을 읽는 시간의 양을 생각해 보자. 매일 책을 읽지만 얼마나 읽는지, 일주일이면 어느 정도의 양인지 등을 좀 더 차분히 생각해 보자. 사실 아이들도 너무나 바쁘다.

아침엔 ○○에 가야 되고 오후엔 수영을 가야 하고……. "선생님, 바쁘니까 빨리 해 주세요. 어디에 가야 돼요." 병원에 오는 환자 중 아이들이 제일 바쁘다는 게 의사 선생님의 말이다. '책 읽기'가 중요하다고 생각한다면 과감히 시간을 할애할 필요가 있다. 그렇게 되면 나중에는 자투리 시간도 잘 활용하게 된다.

책을 읽고 내용을 말해 보거나 논리적으로 생각해 보는 일도 필요하다. 또 적당한 질문을 통해 창의적인 생각이 더욱 확장될 수 있도록 돕는 일도 중요하다. 그러나 그보다 앞서 나이에 맞는 책, 책을 접하는 기회와 시간, 흥미와 분위기 등의 기본적인 것이 갖추어져 있는지 되짚어 보자. 그런 것들이 갖추어질 때 아이는 보다 쉽게 책의 세계에 매료될 수 있을 것이다.

34. 사람과 더불어 희망이 보인다

며칠 전 서울에서 택시를 탔을 때였다. 젊은 기사님은 대단히 친절했으며 목적지까지 가는 동안 우리는 잠시 이야기를 나눌 수 있었다.

그 택시기사는 자신이 얼마 전 대기업의 구조조정에서 밀려난 후 운전대를 잡게 되었다고 했다. 그가 다녔던 회사는 이름만 들어도 누구나 알 만한 우리나라 굴지의 대기업이었다. 소위 일류 대학을 나와 그 회사에 다닐 때만 해도 그는 지금 자신의 모습을 상상하기 어려웠다고 했다. 그것도 결혼 후 3개월째 그와 같은 실직을 당하고는 참담한 심정이었으며 참기 어려운 시간을 보냈다고 했다.

그런데 그 당시 자신에게 큰 힘을 준 것은 "젊은데 우리 다시 시작하자."라는 자기 부인의 말이었다고 한다. 그는 은근히

아내를 자랑하며 미안하면서도 고마운 마음을 표현하고 있었다. 이제는 택시운전에도 제법 익숙해졌고 그런대로 자신들의 생활을 꾸려 나가고 있다고 했다. 뿐만 아니라 인생을 좀 더 넓은 눈으로 볼 수 있게 되었다고 덧붙였다.

이 기사님의 멋쟁이 아내를 나름대로 머릿속에 그려 보며 '아직 젊은데 우리 다시 시작하자' 는 그 아름다운 말을 한동안 되새겨 보았다. 그리고 하루하루를 성실히 살아갈 이 두 부부에게 큰 축복이 있기를 마음속으로 기원해 보았다.

왠지 뿌듯했던 하루를 가슴에 접으면서 새삼 '중용 23장' 의 구절을 떠올리게 되었다. '간곡한 마음이 있으면 성실하게 되고, 성실하면 나타나고, 나타나면 뚜렷해지고, 뚜렷하면 밝아지며, 밝아지면 움직이고, 움직이면 변하며, 변하면 결국 남을 교화시킨다는 말은, 천하의 지극히 성실한 사람만이 남을 감동시키고 세상을 변화시킬 수 있다(中, 23章, 其次致曲 曲能有誠 誠則形 形則著 著則明 明則動 動則變 變則化 唯天下至誠 爲能化)는 뜻' 이기도 하다. 고전이란 수백 년의 시련과 역경을 넘기며 역사 속에 살아 전해 오는 인류의 정신적 문화유산이다. 새삼 그 오래된 구절이 가슴에 와 닿는 것은 무엇 때문일까?

잠깐 동안의 만남이었지만 시련에 굴하지 않고 자신의 삶을 아름답게 엮어 가는 이 부부와 같은 성실한 모습이 있기에, 우리는 사람과 더불어 희망을 가질 수 있다는 진리를 수긍하고 신뢰하는 것이 아닌가 한다.

IV

겨울에 자라는 생각나무

한 번의 기회나 경험으로 생각 나무가 자라지는 않을 것이다.
그러나 그 기회와 경험이 소중한 계기가 되어 끊임없이 피어나게 되지 않을까?

35. 무궁무진한 질문

"엄마, 언제가 겨울이야?"

"지금이 겨울이야. 흰 눈이 내리면 더 추운 겨울이 되지."

"눈? 흰 눈은 언제 와요?"

"산타 할아버지 오실 때?"

"산타 할아버지는 왜 와요?"

"착한 아이에게 선물을 주시려고."

"산타 할아버지는 왜 선물을 줘요?"

아이는 꼬리를 물어 계속해서 질문을 한다. 대답을 해 주면 그 대답에 말을 붙여 또 질문을 할 뿐만 아니라 무엇이라 대답하기 어려운 것을 끝도 없이 물어댄다. 만 4세가 되면서부터 아이들의 두뇌발달은 급속히 이루어지고 호기심이 왕성해진다. 호기심이란 알고자 하는 마음이므로, 사물에 대한 궁금증으로 이어지며 궁금함을 해결하는 과정을 통해서 자신의 세계를 넓혀 가게 된다.

종일 물어보는 아이에게 일일이 대답해 주는 일은 쉽지 않지만 끝까지 성실하고 진지하게 대답해 줌으로써 궁금함을 해결하는 과정을 도울 수 있다. 대답하기 어려운 질문일 경우에는 "너는 왜 그렇다고 생각하니?" 하고 아이의 생각을 묻는 여유를 가져 보자. 모든 질문에 꼭 정답을 찾아 과학적으로 설명할 필요는 없으며, 엄마가 모든 것을 대답해 주려고 궁리할 필요도 없다.

"왜 눈이 와요?"

'저, 날씨가 추워지면 말이지' 하고 애써 과학적인 대답을 찾거나 '이따가 아빠께 물어보자' 하고 홍미를 돌려 버리기보다는 '온 세상을 하얗게 하려고' 라고 대답해도 좋을 것이다. 그 순간 엄마가 아이들의 질문을 진지하게 받아들이고 존중해 주면 아이의 호기심에 가속도가 붙는다. 아이들은 나무나 시냇물과 얘기할 수도 있고, 인형을 보고 야단을 치기도 하며, 동화나 환상의 세계로 얼마든지 다가갈 수 있기 때문이다.

36. 소중한 선물

연말연시가 가까워지니 사람들은 선물 이야기를 자주 하게 된다. 선물하면 어느 유학생 부부의 이야기가 때때로 생각난다. 그 부부는 크리스마스가 가까워지자 한국에 두고 온 아이에게 첫돌 기념으로 선물 하나를 사 보내고 싶었다. 상가를 돌다가 어느 인형가게에서 유리처럼 반짝이는 동물 모형이 마음에 들어 발길을 멈추었다. 그러나 가격이 만만치 않아 그 당시의 어려운 형편으로서는 선뜻 사기 어려웠다. 물론 있는 돈을 다 털면 살 수도 있겠지만 학생신분으로서는 쉽게 살 수 있는 것이 아니었다.

부부는 발길을 돌리며 이렇게 생각했다. "이 상점에 맡겨 놓자! 그리고 언젠가 형편이 되면 다시 와서 돈을 내고 찾아가야지……." 그러나 시간이 지나 부부는 그 인형을 사지 못한 채

귀국하게 되었다. 그리고 몇 번의 크리스마스와 새해를 맞이하면서 때때로 그때 사고 싶었던 유리 강아지 모형을 기억하며 향수에 젖곤 하였다는 것이다.

10년의 세월이 지난 어느 해 부부는 다시 미국에 가게 되었다. 그해 크리스마스에 그들은 오랜 시간 차를 몰고 아이와 함께 자신들이 공부하던 도시에 다시 갔다. 그리고 선물의 사연을 얘기하며 그 상점을 찾아갔다. 주인은 낯설었지만 길거리의 모습도 옛날과 다름없었고 상점이름도 그 자리에 그대로 있어서 반가움은 이루 말할 수 없었다. 물론, 그때와 똑같은 물건은 없었기에 선물의 주인공인 아이가 마음에 들어 하는 모형을 하나 골라서 샀다.

언제 어디서나 비슷한 물건을 살 수는 있었지만 그들이 오래 두고 간직해 온 조그만 선물을 10년 전의 바로 그 상점에서 사 가지고 돌아오는 감회는 남달랐다고 회고하였다. 아이가 갖게 된 선물은 단순히 동물 모형을 넘어서 그들 자신의 이야기가 담겨진 것이었고 더없이 소중한 선물이 되었을 것임이 틀림없었다.

누군가 "바쁘다고 해서 의미 있는 일을 하지 않으면, 바쁜 것에 아무 의미가 없다."라고 했던 말을 되짚어 본다. 우리는 늘 바쁘다는 핑계로 의미를 찾는 일에 소홀하다는 생각이 든다. 바쁘게 살아 온 시간들을 정리하면서 마음과 정성이 담긴 소중한 선물의 의미를 새삼 되새겨 본다.

37. 학습에 관심을 갖게 하려면

"우리 아이는 노는 데만 정신이 팔려 있어요, 공부는 안중에도 없어요."라는 푸념을 자주 듣는다. 어떤 아이는 나가 놀지 않아 걱정인가 하면 어떤 아이는 나가기만 해서 걱정이다. 그래도 '나가서 논다'는 것은 자신이 다른 사람과 어울리고 자신 있게 관계를 이루어 나갈 수 있다는 의미이므로 일에 몰두할 수 있는 기초능력이 갖추어진 셈이다. 유아기에 나가서 노는 것은 자연스러운 일이며 하나의 습관이다. 놀다 보니 재미있고, 재미있다 보니 노는 기술이 늘고, 친구들이 알아주다 보니 자신감이 생기는 것이다.

'조용히 집중하며 무엇을 만든다든지 소위 어른들이 생각하는 책읽기나 공부를 하는 것 역시 습관'이다. 습관이란, 날마다 조금씩 지속적으로 해 나감으로써 몸에 익히는 것이다. 놀이를 통하여 자신감이 생기듯 학습을 통하여 아는 것이 생기고, 그것을 활용할 수 있게 되니 더 알고 싶고, 그렇게 지속함으로써 생각하는 힘이 생기며 자주 오래 생각함으로써 집중력이 길러지는 것이다.

유아기 놀이는 바로 학습이다. 그러나 잠시도 조용한 곳에 앉아 있지 못하고 우선 나가 놀기만 하는 아이가 다른 장면으로 돌아오는 데는 적어도 몇 가지 점검이 필요하다.

첫째, 나가지 않고 집에 있으려고 하는 마음, 집에서 무언가 해야 할 것이 있다는 마음이 생기게 해야 한다. 복잡한 인형들, 정리되지 않은 서랍, 즐비한 만화책 등과 같이 집안이 집중할 수 없는 분위기는 아닌지 살펴보자. 옛말에도 공부하는 선비의 정원에는 소나무를 심고, 놀이하기 좋은 강변에는 버들을 심었다고 하듯이 최적의 환경 조성이 집중력을 높이는 첫 단추이다.

둘째, 앉아 있기는 하나 몸이 들썩거려 학습을 지속하지 못하는 시간을 점점 줄여 나가야 한다. 오늘 5분 앉아 있었으면 다음은 10분, 20분, 30분으로 차츰차츰 늘려 본다. 한꺼번에 오래 앉아 있기는 어려운 일이기 때문이다.

셋째, 간단한 과제, 기본적으로 꼭 해야 할 것을 포함하여 쉬운 내용부터 시작한다. 집중하지 못하는 아이에게 생각하는 힘을 기르게 하기 위해 가정에서 손쉽게 할 수 있는 것 중 하나는 책 읽기이다. 우선 교과서, 지루한 책보다는 쉽고 재미있으며 자신이 고른 책으로 시작하는 것이 좋다. "내용이 뭐야?" "틀렸어. 다시 읽어 봐."라는 말은 하지 않는 것이 좋다. 대신에 읽은 것을 잠깐 복습하는 마음으로, "무엇이 재미있니?" "너 같으면 어떻게 하겠니?"와 같은 간단한 질문을 한다. 학습이 끝난 직후 3분 이내에 다시 생각하는 것은 기억력을 배 이상 차이 나게 만든다.

넷째, 학습한 내용을 실생활과 관련시켜 준다. 영어단어는 우리 집에서 언제 쓸 수 있는지, 가을에 대한 책은 추석, 소풍, 길거리 등의 모습과 연관시킨다. 앉아 있기도 힘든 아이에게 숙제, 시험지 등 너무 재미없는 것만을 한꺼번에 강조하면 옆에 있는 엄마도 힘들고 짜증이 나며, 아이는 재미를 못 붙이고 다시 뛰쳐나가기 마련이다. 화가 치솟는 엄마와 아이 사이에 관계만 나빠질 뿐이며 "너는 왜 그 모양이냐."라는 악순환이 되풀이될 것이다. 또 조용히 문을 닫아 주고 나오면 안에서 딴 짓을 하기 마련이다. 옆에서 함께 앉아 도와주며 공을 들여야 한다. 숙련공이 될 때까지 찰흙을 반죽해 주고 옆에서 무엇이 틀리는지 알려 주고 친절하게 빚는 법을 따라하게 하는 것과 마찬가지이다. 그리고 적절한 칭찬을 덧붙인다.

아이들이 공부가 즐거워서 한다는 것은 기대하기 어렵다. 다만 해야 되는 습관으로 자리 잡아 가면서 알게 되는 것에 조금씩 재미를 갖게 된다. 그래서 우리는 "읽고 쓰고 익힌다."라는 말을 한다. 요리하는 것에 비유해 보자. '끓는 것'과 시간을 요하는 '익히는 것'은 다른 개념이다. 끓기 시작할 때를 기다려 서서히 익혀야 한다는 것을 염두에 두자. "공부해라. 공부해라." 말만 하는 것은 냄비를 불에 얹어 놓지도 않고 끓거나 익기를 기대하는 것과 다름없다. 오늘부터라도 끓일 준비를 시작하여 서서히 불을 지피고 옆에서 지켜보는 노력이 필요하다.

38. EQ를 높이려면

EQ, 이른바 정서지수라는 말은 우리가 그동안 알아 왔던 IQ 즉, 지능지수에 대비되는 개념이다. 지능지수만으로는 모든 재능과 성공의 가능성을 예측할 수 없으며 감성능력도 교육이나 훈련을 통해서 얼마든지 계발될 수 있다는 생각이다.

우리가 잘 아는 아인슈타인이나 에디슨은 논리·수학적인 이성능력, 상상력과 창의력이 뛰어난 사람이다. 또 영국 수상 처칠은 용기와 정열, 인내심의 정치가였으며, 인류를 위해 살다 간 인도의 간디나 마틴 루터 킹 목사 역시 인내와 봉사, 신념 등의 이미지로 묘사된다.

그러나 아인슈타인이나 에디슨이 아무리 이성능력이 높았다 하더라도 인내심과 정열을 가지고 연구에 몰입하지 않았다면, 처칠이나 간디가 아무리 인간에 대한 이해와 열망과 인내심이 높았다 한들 비합리적이었거나 논리적인 이성능력이 없었다면, 성공적인 삶을 살지 못했을 것이다. 이성능력과 정서능력은 균형 있게 발달되어야 하나 우리는 그동안 너무 이성능력만 강조해 왔다. 이제 EQ를 높이는 방법을 구체적으로 생각해 보자.

첫째, 자기감정을 인식한다. 유아의 희, 로, 애, 락을 그대로 인정하는 것이다. '내가 화가 나 있다' 를 느끼고 아는 사람은 문제가 일어나지 않는다. 물불을 못 가릴 때가 문제인 것이다. 자신의 감정을 바라볼 수 있기 위하여 "너 화나 있구나!" "너 우울하구나." 하고 인정하는 것이 출발점이다.

둘째, 감정을 관리한다. 집을 청소하고 보수하며 관리하듯 불안, 화와 같은 마음상태도 관리가 필요하다. 우울, 흥분이 일어날 때 오래 침체되지 않도록 그 상태에서 벗어나도록 도와준다. "참아라. 참아야 훌륭한 사람이다."라고 억제하면 언젠가 쌓인 것이 폭발하기 마련이다. 기분전환을 하거나 함께 산보를 하거나 뛰어놀거나 하는 대안을 찾아 조절하는 가운데 격분된 감정을 정제하고 순화시켜 주어야 한다.

셋째, 가족 구성원의 표정과 마음을 읽는다. 타인의 요구와 필요에 민감하게 반응하는 감정이입능력은 삶의 기본기술이다. 자신의 감정인식과 관리를 통하여 다른 사람의 기분과 마음을 감지할 줄 알아야 한다. "아빠가 피곤하시다." "할머니께서 다리가 아프시겠다." "오빠가 힘들었을 거야."와 같이 다양

한 입장에서 속마음을 읽는 것은 대인관계능력을 발달시키게
된다.

넷째, 감정처리방법을 의논한다. 화, 질투, 초조함이 일어날
때 어떻게 하는지 나와 다른 사람의 경우를 많이 얘기해 본다.
철수는 화가 나면 어떻게 하지? 민희는 불안할 때 피아노를 친
단다. 너는 어떻게 하니? 어떻게 하는 것이 좋을까? 와 같은 다
양한 사례를 화제로 하며 생각을 여과시키는 것이다. 동화, 영
화 주인공의 정서처리능력과 방법을 조사하고 표현해 본다.
즉, 화가 난 토끼는 어떻게 했나? 등을 알아보고 평가하며 반성
해 보는 것이다.

다섯째, 자기 동기를 부여한다. 목적을 달성하기 위해 감정
을 자제하고 주의를 집중하는 것이다. 최고의 운동 선수가 된
○○○가 오늘의 성취를 위해 어렸을 때부터 어떻게 참고 훈련
했는지에 대해 이야기해 보아도 좋을 것이다. "엄마, 아빠도
어렸을 때는 하기 싫었단다."와 같이 너와 같은 시절이 있었음
을 말해 주는 것은 보다 가까운 정서를 느끼게 한다. 그리고 어
떻게 극복했는지의 과정을 말해 주는 것도 바람직하다.

정보화 사회를 살아가는 우리 아이들에게 단순히 정보를 기
억하고 수집하는 능력만 요구되는 것은 아니다. 정보를 분석
하고 종합하여 새로운 아이디어로 발전·융합시키는 창조적
인 감수성과 능력이 요구된다.

우리는 가치관이 극도로 혼란해지고 갈등이 팽창되는 현대

사회에서, 아이들이 보다 인간다운 삶의 모습으로 깊고 넓은
세계를 바라보며 성장하기를 기대해야 한다. 우리 아이들의
이러한 능력은 바로 우리들 손에 달려 있는 것이다.

39. 겨울에 자라는 생각나무

늦가을 비가 촉촉이 내리더니 어느새 겨울이 찾아오는 듯 하다. '겨울' 하면 어떤 단어들이 떠오를까? 사람마다 생각이 다를 것이다. 하얀 눈, 따뜻한 난로, 군고구마, 털장갑 등 이렇게 생각이 계속 이어질 것이다. 우리 어른들이 어렸을 때 겨울을 나던 이야기에서부터 먼 나라의 이색적인 겨울풍경 이야기, 일 년 내내 눈과 얼음으로 덮여 있는 남극과 북극 이야기도 떠오를까? 그리고 이 추운 겨울에 어떤 나라는 여름이 돌아와 수영복을 입고 크리스마스를 지내기도 할 것이다.

겨울을 연상하면 별 이유 없이 괜스레 함박눈이 기다려진다. 어쩌면 우리들의 무한한 상상력, 미지의 세계에 대한 호기심 때문이거나 가슴 가득 실려 있는 생각들을 어디엔가 담아내고 싶은 안타까움 때문인지도 모른다.

이제 아이들과 함께 신나는 겨울을 만나 생각의 가지를 뻗어 나가게 하자.

❖ 연을 날려 보자

연날리기는 정서를 순화시키고 창의성을 길러 주며 눈과 손의 협응력뿐만 아니라 균형 있는 신체발달을 도와준다. 또한 연의 무게 중심 찾기, 실의 강도 조절, 일정한 실 길이의 확보 등 다양한 물리적, 논리·수학적 지식을 돕는 전통놀이로 알려져 있다. 연을 날리는 동안 다양한 율동의 곡예를 조종하는 기술을 연습하게 되며, 집중력이 향상되기도 한다.

우리나라의 연 종류에는 가오리연, 방패연, 꼬리연, 호랑연, 거북선연, 족제비연 등 그 이름도 아주 많다. 다양한 연의 모습을 보여 주면 더 좋을 것이다. 연을 만들어 보기도 하고 아이가 만든 연의 이름을 지어 볼 수도 있다. '고릴라연' '토끼연' '텔레토비연' '아무개처럼 생긴 연' 도 등장할 수 있다. 이외에도 제기 만들기, 팽이치기도 쉽게 해볼 수 있는 우리의 고유놀이이다.

❖ 아라비안 나이트를 만나 보자

어릴 적 읽었던 『아라비안 나이트』를 기억하는가? 둥근 지붕 위에 뾰족뾰족 솟은 탑 사이를 카펫을 타고 날며 우리를 신비스러운 마력으로 빠지게 했던 그 무궁무진한 얘기들이 기억날 것이다.

신나고 궁금한 탐험 이야기, 요술램프 이야기, 유머 넘치는 상인 이야기를 많이 읽어 주자. 우리가 어릴 적 읽고 받았던 감동을 다시 건네주자. 모래가 노랗게 날아와 침대를 매일 털고 자야 하는 아저씨, 목욕을 자주 하지 못하여 향수가 생겨난 이야기, 부인이 4명이나 되는 부자 상인 이야기들은 그리 이해하기 쉽진 않지만 미지의 세계를 떠올리기에 충분하다.

❖ 겨울을 따뜻하게 하는 것을 생각해 보자

겨울을 따뜻하게 하는 것에는 무엇이 있을까? 이불, 카펫, 담요, 털모자 그 어느 것도 좋겠다. 벽지, 타일바닥, 포장지 등을 생각해 보고 패턴을 시각적으로 인지하며 이것들의 다양한 무늬를 만들어 보자. 종이에 계속되는 패턴을 그려 보기도 하고 요리조리 무늬를 찢거나 오려 붙여 보자. ○△□ ○△□ 모양도 좋겠고 꽃·나비·꽃·나비 모양도 있을 수 있겠다. 빨간줄·노란줄·파란줄(////) 로 이어 나갈 수도 있다.

이와 같은 시각적 패턴 외에도 '이겨라 이겨라 백군 이겨라 이겨라 이겨라 백군 이겨라(AAB, AAB)'와 같은 청각적 패턴뿐만 아니라, '뛰기 걷기 뛰기 걷기(ABAB)'와 같은 운동적 형태에 이르기까지 규칙적인 패턴을 인식하는 것은 논리·수학적 사고를 도움으로써 창의적인 형태를 그려 내게 한다. 그러나 너무 패턴의 맞고 틀림을 염두에 두지 말자. 이 카펫으로 또는 이 이불을 만들어서 누구를 덮어 줄까? 하고 이야기하는 가운데 자연스러운 수학활동이 이루어질 수 있다.

❖ 선물 모음집 만들기

크리스마스나 연말연시가 가까워지면서 자연히 선물 얘기가 오고 가게 된다. "너는 무슨 선물을 받고 싶니?" 받고 싶은 물건을 흔히 구할 수 있는 상점의 안내 책자에서 오려 붙여 보자. 이때 한쪽에 그림을 하나씩 오려 붙여서 파일을 마련하거나 묶어 주면 훌륭한 단어집이 될 수 있다. 비슷한 그림이 나오면 같은 쪽을 찾아 그 자리에 붙여 나가 보자.

며칠 전 장갑 하나를 오려 붙여 놓은 쪽에 다시 오늘 발견한 장갑그림을 붙이는 것이다. '내가 받고 싶은 선물집' 에서 '~에게 필요한 물건' 으로 전개되는 동안 비교하고 분류하는 경험이 자연스럽게 이루어진다.

❖ 남극과 북극도 가까이 있다

일 년 내내 흰 눈과 얼음으로 덮여 있다는 남극과 북극은 어떤 모습일까? 우리나라 사람들도 오고 갈 것이다(세종 기지). 그리고 남극의 펭귄과 북극의 곰에 대한 궁금증을 풀어 볼 수도 있다.

펭귄도 종류가 여러 가지이다. 부리가 빨간 색이며 눈 위에 하얀 삼각형 무늬를 가지고 있는 '젠투 펭귄' 은 성격이 온순하며 겁이 많다. 뺨 주위가 모두 검고 눈동자 주위에 하얀 색의 둥근 테가 있는 '아델리 펭귄'은 호기심이 많아 인간의 접근을 두려워하지 않는다. 그리고 하얀 뺨에 가로줄이 있는 '친스트 랩 펭귄'은 사람이 접근하면 고개를 들거나 낮추고 소리를 내며 부리로 쪼아댄다고 한다. 이외에도 색상이 곱고 몸이 늘씬한 임금 펭귄, 마카로니 펭귄, 황제 펭귄도 있다. 이제 아이들에게 물어보자. 여러 가지 펭귄의 모습을 좀 더 자세히 상상할 수 있겠지? 그리고 펭귄도 가족이 있겠지? 어떻게 먹이를 찾고 알을 품고 새끼를 낳고 사랑할까?

그리고 다양한 인터넷 사이트의 가상공간을 찾아가 보자. 이 추운 겨울에 뜨거운 여름을 지내고 있는 나라도 있다. 호주나 하와이라는 나라를 찾아가 볼까? 그들은 수영복을 입고 크리스마스를 지내겠지? 산타클로스 할아버지도 수영복을 입고 찾아올까?

❖ 신나고 재미난 동계 스포츠

신문에 난 동계 스포츠 기사와 화보도 새로운 생각을 하게 만드는 자원이 될 수 있다. 동계 올림픽, 동계 유니버시아드 대회나 동계 아시아 경기대회도 떠올릴 수 있다. 겨울에는 어떤 운동 경기를 할까? 개최하는 도시와 상징건물, 마스코트, 선수복, 구경하는 사람들 모습을 상상할 수 있다. 또 인터넷에서도 찾아볼 수 있다. 무조건 겨울 운동경기를 생각하는 것은 어려울지 모른다. 재료가 있어야 요리를 생각할 수 있듯이 올림픽 이야기, 동계 스포츠 대회, TV 뉴스, 신문화보 등을 보며 상징 마스코트를 만들거나 그려 볼 수 있을 것이다.

❖ 상자 속에 예쁜 방이 있다

흥분되고 들썩이는 연말연시의 모습과는 달리 아이들은 실내에 있는 시간이 많기 때문에 의외로 짜증을 내기도 한다. 다 먹은 케이크 상자를 휴지와 물수건으로 깨끗이 닦아 소꿉상자를 만들어 보자. 케이크 상자 바닥을 이용하여 자신의 방을 꾸며 보는 것이다. 침대를 오려 놓고 책상도 붙이고 쿠션도 그려 넣을 수 있다. 정해진 공간을 활용하여 아파트 모델하우스 배치도나 조감도처럼 디자인해 보는 것이다. 케이크 상자 뚜껑도 입체적으로 꾸밀 수 있는 공간이다. 공간개념을 기를 수 있을 뿐만 아니라 갇혀 있는 공간이 아닌 다른 공간을 상상하고 구성해 보는 것은 또 다른 즐거움을 준다. 상자에 뚜껑을 덮어 두었다가 나중에 다시 할 수도 있어 놀이를 오래 지속할 수 있다.

❖ 눈사람 가족을 찾아보자

눈을 뭉쳐서 눈사람을 만들 수도 있겠지만 헌 달력이나 종이를 이용하여 오려서 다양한 눈사람을 만들어 볼 수 있다. 엄마 눈사람, 아빠 눈사람, 오빠, 동생…… 그러다 보면 자연히 친척이나 이웃으로 확대될 수 있다. 수건 쓴 눈사람, 지팡이를

든 눈사람, 조끼 입은 눈사람, 망토 두른 눈사람 등 많이 그리고 만들 수 있다. 동화책에 나오는 곰 아저씨 눈사람, 이상한 나라의 '엘리스' 모습의 눈사람…… 아프리카인을 닮은 눈사람도 만들 수 있을 것이다. 피부색을 오려 붙이거나 넥타이, 모자, 머리 등으로 다양한 눈사람 가족을 만들어 보자. 큰 달력 종이에 모아 놓으면 바로 그곳에서 다양한 나라와 문화를 만날 수 있을 것이다.

한 번의 기회나 경험으로 생각나무가 자라는 건 아니다. 그러나 그 기회와 경험이 소중한 계기가 되어 끊임없이 피어나게 될 것이다. 콩나물이 자라기 위해 얼마나 많은 물이 콩나물 시루를 통과했을까? 물은 콩나물에 남아 있지 않고 흘러 내려갔지만 콩나물이 어느새 성큼 자라 있듯이, 한겨울 주변의 작은 일들이 모여서 아이들의 생각을 보다 아름답고 풍부하게 하는 보물창고가 된다.

40. 더운 나라에 간다면 **어떤 짐**을 챙길까?

한 해를 마무리하고 또 한 해를 맞이하게 되었다. 아직도 거리에는 흥겨운 음악이 울려 퍼지고 TV의 특집 프로그램이 아이들을 들뜨게 만든다. 옆집에서는 스키장을 간다고 하고, 누구는 외국을 간다고 들썩이기도 한다. 행사가 많고 복잡할 때일수록 의외로 아이들은 할 일이 없는 것 같고, 또 어디든 가자고 조르기도 하며 좀 색다른 일을 찾고 싶은 충동을 느끼기 마련이다.

물론 여행을 떠나거나 가까운 친구나 친척끼리 나름대로 즐거운 시간을 가질 수도 있을 것이다. 그러나 여건이 허락하지 않을 때 하루 종일 아이와 실랑이(?)를 벌이는 경우도 적지 않다. "너 하고 싶은 것 하고 놀아라." "비디오 빌려 봐라." "이럴 때일수록 차분히 동화책이라도 읽어라." 하고 부모는 여러 가지 대안을 내놓지만 아이들에겐 썩 달갑지 않은 일들이다. 사실 하고 싶은 일이 많은 것 같으면서도 막상 마음대로 논다는 것이 쉽지 않기 때문이다. 만일 우리가 지금 아주 더운 나라에 간다면 어떤 짐을 챙겨야 할까? 엄마와 아이가 함께 생각해 보기로 하자. 아이의 나이에 맞게 그림으로 그릴 수도 있고 단어를 써 볼 수도 있겠다. 그림과 글씨를 함께 사용할 수도 있을 것이며, 큰 가방을 그리고 그 안에 넣고 싶은 물건을 위치에 맞게 그릴 수도 있다.

더운 나라라면 아이들은 수영복, 모자, 선글라스, 부채를 우선 넣어야 된다고 할 것이다. 엄마는 양말과 속옷도 필요하다는 제의를 한다. 둘은 며칠 동안 갔다 올 것인가를 결정하기로 한다. 아이는 오래오래 신나게 놀다 오자고 할 것이다. 자는 날을 세어서 필요한 양말의 수, 속옷, 반팔 티셔츠, 반바지를 써 넣어 보자. 여자 아이들은 아끼는 인형과 같은 놀잇감과 레이스 달린 치마를 챙길지도 모르며, 남자 아이들은 잠자리채나 공을 넣어야 한다고 할지도 모른다.

가방이 모자라서 하나가 더 추가될지도 모른다. 들고 갈 수 있는 것을 생각해서 큰 가방과 손가방으로 분류하자. 그리고 수첩, 종이, 연필, 색연필, 휴지도 첨가하자. 누군가에게 줄지도 모르는 조그만 선물도 잊지 않는다. 제일 맘에 드는 옷이 무엇인지도 알게 된다. 엄마와 아이는 큰 도화지에 단어를 쓰는 것이 아니라, 도화지 안에 있는 여행가방에 설레는 마음으로

짐을 챙겨 넣음으로써 마음껏 미지의 세계에 가 보는 기쁨을
누릴 수 있을 것이다.

　꼭 더운 나라가 아니라 추운 곳이어도 좋겠다. 그 많은 나라
중에 어디가 덥고 추운 나라인지 알기 위해 지도나 지구본을
놓고 찾아볼 수도 있을 것이다. 그러는 가운데 공간적인 위치
나 장소, 지역, 이동과 같은 지리적 학습은 물론, 모르는 나라
이름을 알게 되고 이 나라 저 나라를 가 볼 수 있다는 생각을
하게 된다. 또 아이의 수준에 따라 비행기를 타고 갈 것인가 배
를 타고 갈 것인가 교통수단을 생각해 볼 수 있을 것이다. 관심
정도에 따라서 비행기를 타고 가는 과정이나 배를 타고 가는
과정을 이야기해도 좋을 것이다.

　사람들이 많이 가는 'OO리조트'가 아니어도 지금쯤 눈
내리고 얼어붙은 나라들이 얼마든지 있을 것이다. 그렇게 되면
길거리에도 스케이트를 타고 다닌다는 동계 올림픽 개최국의
이야기도 가능할 것이다. 그때 보는 외국의 사진첩이나 겨울
스포츠에 관한 비디오는 이를 더욱 실감나게 만들 것이다.

　막연히 "네 맘대로 놀아라." "엄마가 책 읽어 줄게." "친구
집에 가서 놀아라." "밖에 가서 놀아라." 보다는 미지의 세계
로의 여행을 꿈꾸어 보고 며칠 동안 있을 것인가를 생각함으로
써, 아이는 호기심으로 가득 찰 수 있을 것이다. 또 필요한 물
건을 챙겨 보면서 앞으로의 일을 보다 구체적으로 계획하게 되
고, 가져갈 물건을 가방의 어디에 넣을 것인가를 도화지 위에

써 보면서 사물의 특성과 위치, 장소, 지역, 이동, 분류 등의 학습적인 것은 물론 생활의 지혜를 경험할 수 있을 것이다. ‘어딘가에 간다면~’ 이라는 것은 어른이나 아이에게 모두 가슴 설레는 일이다. 그리고 어딘가에 가 보고 싶은 우리들의 마음도 여과시켜 줄 수 있을 것이다.

41. 내가 갖고 있는 색연필

"엄마! 나 색연필 사야 돼요"

"색연필 있잖니?"

"주황색이 없어요."

"다른 색으로 하면 되잖니?"

"난 주황색이 필요한데, 그리고 초록색도 없고."

"지난번에 산 것도 있잖아!"

"그것도 많이 부러졌어."

여러 번 사 주기도 하고 선물 받은 것도 많은데 아이는 색연필이 없다고 타령하기 일쑤이다.

이때 우리가 갖고 있는 색연필을 모두 한자리에 모아 보자고 제안한다. 책상서랍에 있는 것, 탁자 위 통에 꽂혀 있는 것, 쓰다가 넣어 놓은 것, 그러다 보면 옛날 선물 받아 넣어 놓은 새 것도 있을 수 있겠다. 모두 4통에 개수는 59개였다. 이것을 통의 색깔로, 모양으로, 개수로 나누어 보기로 하였다. 통의 색은 초록상자, 빨강 비닐커버, 분홍 플라스틱 커버, 그리고 유리컵 모양에 담겨진 것으로 구분할 수 있었다.

각각 네 가지 통을 나란히 세워 놓고 모양을 보았다. 사각, 컵모양, 둥근통, 유리통을 차곡차곡 살펴보았다. 이번에는 각 통의 개수를 세어 본다. 초록 사각 케이스는 24, 빨강비닐 컵모양에는 12, 분홍 둥근통에는 11개, 그리고 유리통컵에는 12개가 꽂혀 있다. 그래서 모두 59개였다. 이번에는 상태를 보기로 했다. 많이 부러진 것, 길이가 짧아진 것, 토막 나서 테이프로 붙인 것, 거의 새것인 것을 점검해 보았다.

언제부터 우리가 이것들을 갖게 되었나? 를 생각해 보는 것도 흥미롭다. 유치원 때 생일선물로 받은 것, 유치원 졸업 때 백화점에서 산 것, 초등학교에 입학한 후 삼촌이 사 주신 것, 그리고 유리통에 있는 것은 아주 어렸을 때 사서 쓰던 것인데, 케이스가 없어져서 남은 것이 여러 개 꽂혀 있다는 얘기도 할 수 있다. 그리고 이 유리통은 옛날 엄마가 여행길에서 샀다는 얘기도 할 수 있을 것이다. 달력 뒷장을 펴놓고 색연필을 세어 가면서 표를 만들어 보면 더 쉽게 알 수 있게 된다.

통의 색	초록	빨강	분홍	유리색
모양	사각	컵모양	둥근통	유리통
개 수	24	12	11	12
상 태	부러짐	-	짧아짐	-
언제	유치원	유치원	초등학교	어렸을 때
어떻게	생일선물	백화점	삼촌선물	모름

　이번에는 색연필을 사용하는 방법도 생각해 보았다. 칼이나 연필깎이로 깎아서 써야 하는 것, 실을 잡아당겨 종이를 풀어 쓰는 것 그리고 밑을 돌리면 심이 올라오는 것도 있음을 새삼 알게 된다. 이제 이 색연필을 충분히 살펴보았다면 느낀 점을 얘기해 보기로 한다. 가능하다면 함께 써 보아도 좋을 것이다. "세어 보니 색연필이 너무 많다." "그러고 보니 아기 때 쓰던 것도 있다." "밑을 돌려서 쓰는 것은 참 신기하다."라는 표현도 가능해진다. 만들고 싶은 색연필도 상상해 볼 수 있겠다.

　겨울에 방 안에서 활동하는 시간이 많을수록 그림이나 크레파스 또는 색연필을 많이 사용하게 되고 아이들은 많은 것을 가졌으면서도 없다고 살 생각부터 하기 마련이다. "많은데 뭘 또 사니?" 하면서도, 비싸지도 않은 색연필인데 없다면 궁색하지 않게 사 주고 말거나 예사로 지나치기도 한다. 또 "정리를 해 봐라." "잘 찾아봐라."라고 건성으로 타이르기 마련이다. 조금만 시간을 내어 아이와 함께 가진 색연필을 정리해 보자. 없다고 생각했던 것들도 찾아낼 수 있다. 이것으로 무엇인가 하고 싶은 의욕도 생길 것이다. 또한 크레파스, 공책, 연필도 이와 같이 정리해 볼 수 있다. 재미있게 수를 세고 분류하며 자신의 물건을 자세히 관찰하고 탐색하는 가운데 기대 이상의 학습효과도 얻게 될 것이다.

42. TV와 비디오, 어떻게 활용할 것인가?

겨울에 방 안에서 지내는 일이 많다 보니 자연히 비디오를 보는 시간도 많아진다. 또 비디오를 보는 동안은 아이가 TV 앞에 앉아 꼼짝 않고 즐기고 있으니 엄마는 다른 일에 방해받지 않아도 되므로 으레 "비디오나 봐라." 하곤 한다.

아이는 똑같은 비디오를 몇 번씩 돌려 보기도 하고 때로는 틀어 놓고 딴 짓을 하면서도 끄지 못하게 한다. 이런 아이를 보면서 엄마는 '이렇게 비디오만 봐도 되나?' 걱정도 된다. 또 하나만 보고 열심히 동화책을 읽겠다고 약속해 놓고도 흥청망청 시간을 보내다가 다시 조르는 일이 흔해진다.

우리 아이는 유난히 TV를 좋아해서 큰일이라는 말을 자주 듣는다. 또 하루 종일 비디오를 몇 번씩 보고 앉아 있다고 걱정하기도 한다. 우리는 TV와 비디오 같은 매체가 시력은 물론 사고력을 저하시키는 '바보상자'라고 하면서도 이미 아이들 생활의 한 부분이 되고 있음을 부인할 수 없다. 그러므로 TV를 보느냐 안 보느냐의 논란보다는 TV와 비디오를 어떻게 활용할 것인가가 더 중요하다. 첫째는 선별적으로 시청하는 습관과 태도를 기르는 일이며, 둘째는 시청 능력을 신장시키는 일이다.

어떤 부모들은 폭력이나 공격적 영화를 보고 오히려 아이들의 가슴이 후련해지고 스트레스가 해소되므로 정신 건강을 돕는다고 생각하기도 한다. 그러나 연구에 의하면 그런 공격 욕구가 감소되기보다는 더욱 촉진된다는 쪽이 우세하다. 즉, '사회적으로 학습'되어 그러한 자극과 조건들이 모방되고 모델화된다는 것이다. 특히 흉기나 무자비한 장면 등은 그를 보는 사람들로 하여금 정서적 흥분 수준을 더욱 부추긴다는 사실이 입증되고 있다. 심리학에서는 이것을 소위 유발단서(eliciting cue)라고 부른다.

살인과 복수가 빈번한 비디오, 아이들의 혼을 빼앗아 가는 게임과 만화, 모두가 들떠 있는 분위기 그리고 이것들에 점점 더 감염되고 있는 사실마저 무감각해지는 시점에서 빨리 깨어나야 한다. 아이들이 모이면 TV나 비디오를 시청하고 재미가 있으면 점점 가까이 가거나 빠져 들어 눈을 비벼 가면서도 올려다보곤 한다. 누워서 장시간 보는 아이들도 있으니 시력이 나빠지는 것은 당연하다. 게다가 늦은 시간까지 보는 것은 더욱 문제가 되는데 이는 부모나 가족이 밤늦게까지 시청을 하는 데서 기인한다.

부모는 밤늦게까지 쇼와 연속극을 다 보면서 "너는 가서 자라."든지 동화책을 보라고 하기는 어려운 일이다. TV와 비디오를 대체할 수 있는 소일거리나 재미있는 일이 있어야 흥미를 바꿀 수 있으며, 일정한 시간이 되면 잠들 수 있도록 조용한 분위기를 만들어 주는 것도 필요하다. 밤이 늦으면 TV를 끄고 온 가족이 즐기는 게임이나 놀이로 유도한다든지 기본적으로 그런 분위기를 만드는 것이 우선되어야 한다. TV보기를 유아에게 맡기는 것이 아니라 부모와 함께 시청하거나, 초기에 필요하다고 생각되는 프로그램을 의논하며 골라 보는 태도를 갖도록 지도하는 것이 바람직하다.

교육적인 프로그램을 선별했다거나 그것을 즐겨 보았다고 해서 모두 같은 정보를 얻는 것은 아니다. 다 같이 시청해도 그 시청능력은 다르기 때문이다. 시청능력이란 메시지를 올바르게 해독하고 이용하는 즉, 정보를 처리하는 능력을 의미한다. 이와 같은 시청능력은 '피터팬'의 등장인물이나 사건에 대한 이해와 파악뿐만 아니라, 놀랍고 슬픈 감동 그리고 이 이야기를 표현하는 힘까지를 모두 포함한다. 이와 같은 능력을 길러 주기 위해서는 적절한 발문을 통하여 생각을 자극하는 것이 필요하다. 전문적으로는 부분 파악, 전체 파악, 통합 파악, 비판적 파악, 창의적 파악의 5단계로 구분하기도 한다. '미녀와 야수'를 시청하고 "무엇을 보았니? 어떻게 생겼지?" 하는 것은 부분파악에 해당된다. "처음으로 본 것은 무엇이니? 어떤 이야기이니?" 하는 등의 전체파악도 가능하며, "왜 그랬을까? 무엇을 가르쳐 주고 있니?"와 같은 통합파악도 가능하다. 또 "이상한 것이 없었니? 정말일까?"와 같은 창의적 파악도 가능하다.

그러나 갑자기 처음부터 창의적 파악을 하기는 쉽지 않다. 오히려 더 어린 아이들에게는 이전에 나온 사람이 누구누구인가? 어떤 일을 했나? 그들이 한 일을 어떻게 생각하는가? 등을 물어봄으로써, 등장인물을 파악하고 정보를 수집하며 등장인물에 관심을 갖도록 유도하는 것이 효과적이다. 또 TV에서 본 것을 일상생활과 학습에 연결시켜 본다. 큰 동물과 작은 동물을 비교하고 분류하여 크기를 서열화함으로써 수의 기초개념을 습득할 수도 있으며 착한 일을 한 곰돌이를 흉내 내어 볼 수도 있을 것이다. 재미있는 노랫말을 반복해 봄으로써 훌륭한 언어학습이 될 수도 있다.

TV나 비디오는 동화, 그림책, 역할극, 인형극 등의 아동문화재를 종합적으로 포함시키는 매체의 역할을 한다. 그러므로 그 시청능력을 신장시켜 주면 동기를 유발하고 경험을 심화시키는 동시에 아이들의 자발적 활동을 개발하고 권장시켜 줄 수 있다. TV만 본다고 걱정만 하고, 비디오에 빠져 있다고 야단하기보다는 선별하여 시청하는 습관과 태도를 길러 주자. 더불어 시청능력을 길러 보다 효과적으로 활용할 수 있게 하자.

비디오는 이미 아이들 생활의 상당한 부분을 차지하는 영상 매체이다. 무작정 '오늘은 실컷 봐라' '그만 보고 ○○해라' 하기보다는 선별적으로 시청하는 습관과 태도를 기르는 일이 필요하다. 비디오의 내용이 무엇인지 알고 적절한 시간대를 마련하여 그 시간에 즐겨보도록 하거나 온 가족이 함께 보는 것도 좋은 일이다. "무엇이 그렇게 재미있니?" "그래서 어떻게 될까?"라고 질문하거나 새로 나온 단어를 물어본다면 비디오는 훌륭한 시청각 교재가 될 수 있을 것이다.

43. 영어교육을 해야 하나?

영어교육방법과 시기에 대해서는 학자들도 의견이 분분하다. 조기영어교육을 주장하는가 하면 어린 시기에 너무 영어교육을 강요하지 않기를 권하기도 한다.

그러나 어린 시절부터 자연스럽고 즐겁게 영어를 접할 수 있다면 적절한 교육기회로 활용하여 효과를 높일 수 있을 것이다. 영어뿐만 아니라 모든 언어는 아이의 일반적인 언어능력 및 발달 정도에 따라 개인차가 크므로 교육방법도 신중해야 할 것이다.

아이가 영어에 관심을 갖고 몇 단어 정도 외우기 시작했다면, 최근에 교육방송 등에서 시행하는 '재미있고 쉬운' 어린이 영어 프로그램을 부모님이나 가족이 함께 시청하면서 자연스럽게 자주 접하도록 하는 것도 도움이 된다. 생활과 관련된 것이면 더욱 좋다. 친구, 가족, 의식주를 포함하여 과자, 사탕, 장난감, 옷, 쉽게 접하는 사물이나 사건 등과 연계하여 영어 문화를 경험하도록 하는 것이다. 물론 바르지 못한 발음을 들려주거나 한국말로 영어 발음을 표기해 주는 일은 삼가야 한다.

그리고 많은 교재, 비디오를 '세트'로 구입하거나 준비하기보다는 서점에 가서 '쉽고 재미있는 것'을 염두에 두면서 하나씩 구입하여 시작하는 것이 좋다. 교육방송 등의 내용을 반복해서 듣고 생활 속에서 말해 보는 경험도 필요하다. 또한 다양하게 보고 듣는 경험이 언어발달에 좋은 자원임을 고려해야 할 것이다. 주변의 사물이나 상황을 보며 자주 이야기 나누고, 자극을 주면서 영어단어로 연결해 보자. 예를 들어, 사과를 간식으로 먹었을 때 'apple'이라는 단어를, 과자를 사 먹으러 갈 때 'cookie'라는 단어를 연결시키거나 책 또는 테이프에서 'sweet'라는 단어를 공부할 때 우리가 오늘 먹은 음식 중 단 것이 무엇이었는지 알아보는 것도 언어 확장에 도움을 준다.

무조건 단어를 외우거나 강제로 학습하게 함으로써 취미를 잃게 하는 것은 바람직하지 않다. 언어는 일상생활의 도구이며 서점에 좋은 교재는 얼마든지 있다. 그러나 좋은 교재를 사는 것보다 '매일매일 꾸준히 즐겁게 조금씩 조금씩' 단어 수를 늘려 가는 데 초점을 두는 것이 바람직하다.

44. 아이들아 네 꿈은 무엇이니?

새해가 밝았다. 일상적인 듯한 시간의 흐름 속에서도 하나의 매듭을 짓고 또 다른 시작을 맞이하는 마음에는 누구나 벅찬 희망과 설렘이 있기 마련이다. 그래서 늘상 사람들은 새해에는 "소원 성취해라." "모든 일이 잘 되길 바란다."와 같은 덕담을 주고받는다.

흔히 우리는 아이들에게 "부모님 말씀 잘 듣고 훌륭한 사람 되라."라는 말을 입버릇처럼 얘기하곤 한다. 꼭 하나 더 첨가되는 것이 있다면 "공부 잘해서~" 라는 말이다. 꼭 공부 잘해서 무엇을 하라기보다는 꿈과 이상을 가지고 바르게 자라기를 바라는 우리 공동의 기대가 담겨 있는 말이다.

덕담을 하는 어른들의 이 같은 간절한 마음이 잘 전달되면 물론 좋을 것이다. 그러나 생각이 너무 피상적이거나 거창하고 의례적인 말들은 아이들의 가슴에 와 닿기가 어렵다. 보다 구체적으로 얘기해 보는 가운데 아이들의 마음을 좀 더 들여다보는 일이 가능하다. "새해에 꼭 하고 싶은 일이 무엇이니?" "올해는 누구를 만나고 싶니?" "꼭 가 보고 싶은 곳은 어디니?" "꼭 사고 싶은 것이 무엇이니?" "제일 먹고 싶은 것은 무엇이니?" 이렇게 구체적으로 물어보자. 새해에 하고 싶은 것이 꼭 어른이 생각하는 교육적인 것이기를 기대하기보다는 아이가 하고 싶은 일이 무엇인지 알아보는 것으로 충분하다. 또 왜 그 일을 하고 싶은지 물어볼 수 있으며 그 일을 하고 있는 사람의 얘기도 우연히 할 수 있게 된다. "맞아. 우리 집에 그 사진이 있단다." 하며 갑자기 사진첩을 꺼내 볼 수도 있다. "그래. 올해는 그 아저씨를 한번 만나 보기로 하자."라고 아저씨를 만나기 위한 조그만 계획을 세울 수 있으며 이때 아이는 당장 만나러 가자고 조를지도 모른다.

"올해에 가장 갖고 싶은 것은 무엇이니?" 동화책이나 학습에 도움이 되는 것을 기대했던 엄마의 마음과는 달리 여자 아이들은 '공주 드레스' 라고 대답할지도 모른다. "공주 드레스? 어떻게 생긴 드레스 말이니?" 이러는 가운데 설명이 어려워지면 도화지에 그려 보도록 할 수 있다. 층층이 색깔이 다른 레이스로 장식된 드레스를 그리는 과정은 아이의 생각을 여과하고 순화하도록 돕기에 충분하다. "무지개 같구나. 이것을 입고 뭘 하려고 그러니?" 이러는 가운데 의상 전시회를 보러 가자는 계

획으로 이어질 수도 있으며, TV 의상 쇼 방영 스케줄을 알기
위해 신문을 뒤적일 수도 있다. "공주 드레스를 갖고 싶은 게
겨우 새해 계획이라니……." 하면서 실망하지 말자. 공주 드레
스는 꿈을 설계하는 데 필요한 도구일 뿐이다. 그것이 드레스
일 수도 있고, 만화책일 수도 있고, 먹고 싶은 피자일 수도 있
음을 지켜보는 여유가 필요하다.

우리들의 지난 시절을 생각해 보자. 해가 바뀔 때마다 새로
운 학기가 시작될 때마다 계획을 세웠다. 그러나 처음 세운 계
획은 며칠 열심히 지켜지다가 시간이 지나면서 흐지부지 끝나
거나 온데 간데 없어져 버리곤 했다. 방학생활 계획표가 그대
로 지켜지지 않는다는 것을 잘 알면서도, 우리는 열심히 일과
표를 그리고 해야 할 일을 계획하며 손가락으로 꼽아 보았다.

계획을 세우는 일은 얼핏 듣기에는 체계적이고 조직적이며
때로는 융통성 없는 단어처럼 여겨지고 꿈이나 이상과 같은 낭
만과는 거리가 멀게 들리기도 한다. 그러나 계획이 있다는 것
은 비록 그것이 이루어지지 않더라도, 사람의 마음을 기대와
설렘으로 가득 차게 한다. 절실한 꿈이 있을 때 기대와 설렘이
생겨나고 그로 인해 자신의 생활이 밝아지고 변화되며, 그렇게
해서 가속화되는 것이다.

어린 시절에 소중히 가꾸어야 할 것 중 하나가 바로 꿈이라고
할 수 있으며, 아름다운 꿈을 갖고 있는 한 늘 가슴이 뿌듯하고
설렐 수밖에 없다. 바로 그 설렘 때문에 기대하고, 그려 보고,

계획하고, 준비하는 것인지도 모른다. 그래서 내일을 계획하고 하루를 성실하게 생활하게 되는 것은 아닐까? 올해에는 아이들에게 무엇을 하고 싶은지를 보다 구체적으로 물어보자. 가능하다면 이야기를 이어 나가 그 계획을 세워 보자. 계획을 세움으로써 꿈에 보다 가까이 다가가는 시간이 될 것이다.

45. 낯선 것에 대한 두려움

우리는 처음 가는 여행지나 사용해 보지 않은 기계, 생활 속에서 접하는 모든 사물이나 사람들, 사람들의 예기치 못한 행동이나 말투 등에서 익숙하지 않은 것들에 대한 두려움을 느낀다. 처음 강의실에 들어선 학생이 앉은 자리가 졸업할 때까지 고정석이 되는 것은 아마도 익숙함이 주는 편안함 때문일 것이다. 교육현장에 처음 선 선생님들도 대학에서 배운 이론을 채 떠올리기도 전에 부딪히는 아이들의 예기치 못한 낯선 행동들에 당황하고 자신의 교육체계마저 흔들리는 경험을 하게 된다.

아이의 복합적인 행동을 단편적으로 판단하기는 쉽지 않다. 자주 화를 내거나 소리 지르는 행동에도 여러 가지 원인과 동기가 있다. 이때 아이를 잘 관찰하여 기본적인 자료를 수집해 볼 필요가 있다. 즉, 언제 가장 자주 그런 행동을 하는가? (아무 때나, 교사가 무엇인가 제안할 때, 낮잠 자려할 때, 간식시간……. 이런 식으로 정리를 해보자) 또 누구와 함께 있을 때인가? 또는 그런 행동을 하기 전에 무슨 일이 일어났는가? 그런 행동을 할 때 함께하는 습관은 없는가? 등을 목록화하여 며칠간 기록해 보자.

아이는 거부, 두려움 등의 감정을 소리 지르기로 표출하기도 한다. 화가 나거나 소리를 지르는 것 이외에도 두려워하고 거부하는 행동을 하는 것은 몹시 불안하고 자기 방어가 강하다는 것을 의미한다. 즉, 그런 행동으로 주위의 관심을 끌고 싶어 하는 것이다.

대부분의 경우 이해가 부족하여 두 가지 반응을 하게 된다. 하나는 행동의 이유를 잘 알지 못하므로 아이의 행동을 멈추게 하려고 달래면서 아이가 요구하는 것을 들어주는 경우이다. 또 하나는 아이가 하는 행동의 원인이나 이유를 계속 조사하려고 하면서, 문제행동을 다루는 동안 인내심을 잃고 화를 내거나 심하면 때리기도 하는 경우이다.

이 두 가지는 모두 아이에게 관심을 더 보여 주는 결과가 된다. 즉, 아이는 이런 과정에서 상당한 관심을 얻었으며 나름대로 주의 집중을 끌 수 있는 방법을 획득한 것이다. 자신의 행동이 효과가 있다고 느껴지면 그런 행동을 더 반복하게 된다.

또한 거부하거나 소리 지를 때에도 일반적으로 언제 그러한 행동을 보이는가? 그러기 전에 무슨 일이 일어났는가? 누가 항상 피해자인가? 일반적으로 그럴 때 던지는 물건이나 동반되는 사건(사물)은 없는지 기록해 보자. 1주일 또는 2주일간 기록해 보면 좀 더 정확한 근거를 찾을 수 있을 것이다.

이때 거부하거나 소리를 지르면 성인이나 교사는 누구나 그 행동을 용납하기 어려우므로 특별한 주의를 기울이고 흥분하는 반응을 보이기 마련이다. 아이는 그 행동으로 좌절감이나 화를 누그러뜨리고 교사의 관심을 얻게 된다.

이런 경우는 관심을 보이지 않아야 한다. 주의 집중해 주며 관심을 보이지 않는다고 해서 애정까지 보이지 말라는 뜻은 아니다.

아이들은 대부분 말을 잘 하지 못하거나 자신의 느낌을 표현하는 데 어려움이 있는 경우 화를 내거나 소리를 지르곤 한다. 아이가 감정을 공격적인 행동보다는 말로 표현하도록 유도하고 가르쳐야 한다. 즉, 소리를 지를 때 "우유 먹고 싶어." 또는 "졸려서 자야겠어요." 하는 식으로 표현하는 방법을 일러 주자. 들어주고 안 들어주고를 결정하기 전에 "우유 먹고 싶어라고 말하면 우유 줄게."라고 상황을 다시 적절한 말로 표현해 주어야 한다.

또한 거부와 두려움이 많은 것은 정서적으로 불안하다는 의미이다. 만 2세가 지난 어린아이는 꼭 껴안아 주거나 잘잘못을 가릴 때에도 눈을 봐 주며 애정을 보이는 것이 중요하다. 소리

지르고 떼쓰는 행동을 저지하는 데 신경을 쓰기보다는 오히려 꼭 안아 주면서 분명하게 타이르고 언어로 표현하도록 유도해야 한다.

만 3~4세의 아이는 유치원이나 어린이집에 처음 다니는 시기이기도 하다. 새로운 장난감이나 놀이 친구들이 있어 가고 싶기도 하고 엄마와 떨어져 새로운 환경으로 간다는 것이 두려워서 가고 싶지 않기도 하다. 그래서 아이들은 유치원 앞에서 울고 엄마랑 같이 들어간다고 하다가도 그냥 집에 가자고 하면 싫다고 한다. 어른들이 그러하듯 아이들도 유치원이라는 환경이 나에게 적합한지, 친구들은 놀이상대로 괜찮은지, 선생님은 나를 받아들이고 사랑해 줄 안전한 사람인지를 두드려 보는 과정을 거치게 된다.

부모는 아이가 두려움을 갖는 것이 당연하다고 인정하면서 한 걸음씩 서서히 다가서게 하는 것이 중요하다. 또한 새로운 것을 미리 이야기해 주고 아이와 느낌을 공유하는 것이 중요하다. 이때 처음 듣는 언어나 좋지 않은 단어를 자꾸 반복하면서 주위를 끌려고 하기도 한다. 어른들은 그런 말을 하면 왜 좋지 않은지 이야기해 주고 그 다음부터는 그 말을 했을 때 더 이상 관심을 주지 않고 무시하는 태도를 취해야 한다. 아이들은 어른들의 반응을 보고 자신의 행동을 결정하기 때문이다.

3~4세 아이들의 특징 중에 하나는 자신의 의견이나 주장을 펴기 시작하여 자신이 생각한 바를 끝까지 고집하는 것이다.

184

이는 자신의 생각이나 마음을 어느 정도 파악하고 자아감을 싹 트게 하고 건강하게 자라는 과정이다. 백화점이나 상점 주위를 지나다 보면 땀을 뻘뻘 흘리며 울고 소리 지르며 무엇인가 사 달라고 조르는 아이들을 종종 목격하게 된다. 아이는 새로운 것이 두렵기도 하지만 호기심이 생겨 갖고 싶은 마음이 커지기 마련이며, 부모들은 주변의 시선과 아이의 행동에 당황해서 그 주장을 들어주기도 한다. 그러나 이때는 자신이 결정한 것에 대한 책임감도 길러 주어 상황에 따라 판단능력이 생기도록 도와주어야 한다. 예를 들어, 아이스크림 가게를 지나다가 아이가 아이스크림을 사 달라고 무작정 조른다. 이때 먹었어도 또 사 줄 것인가? 어느 정도 먹도록 해야 될 것인가? 나름대로 규칙이 필요하다. 떼를 쓰면 귀찮고 힘드니까 '그래 이번만이다' 라면서 그냥 사 주고 넘어가기 쉽다. 그러나 작은 아이스크림 하나가 자율성과 선택, 책임과 관련되어 있다. 따라서 "지금 먹으면 오늘 저녁 식구들이 같이 아이스크림을 먹을 때 너는 먹을 수가 없거든. 지금 먹을 것인지 저녁에 같이 먹을 것인지 선택해라." 하고 스스로 결정할 기회를 주는 것이 좋다. 만약 지금 먹게 된다면 저녁 시간에 가족이 같이 먹을 때에는 "이번 한 번만 줄게." 하고 부모 스스로 나약해지기보다 따뜻한 말로 "아까 먹었으니 지금은 괜찮지?" 하며 마음을 다잡아야 한다.

만 5세가 되면서 아이들은 상황인지가 발달하기 시작하여 앞뒤 전후의 사건을 조금씩 자신의 틀에 맞추어 생각하고 해석하게 된다. 딸아이가 5살 되었을 때 일이다. 안방으로 건너와 같이 자겠다던 딸이 이리저리 뒤척이며 자는 바람에 제대로 잠을 이룰 수가 없었다. 하는 수 없이 새벽녘에 딸아이 방에 가서 잠이 들었는데 아침에 일어난 딸아이가 "엄마가 왜 내 방에서 잔 줄 나는 다 알아요."라고 한다. "아니 엄마가 피곤해서 편히 쉬어야 한다는 걸 어떻게 알았을까?" 했더니, 딸아이는 "엄마, 천정에 붙어 있는 야광별 보려고 내 방에서 잔거죠!" 하는 것이 아닌가. 나는 잠시나마 아이의 나이를 잊어 버린 것이었다. 우리들은 매 순간 아이들을 가장 잘 아는 것 같으면서도 어느새 아이의 나이를 잊고 어른들 생각의 틀에 맞출 때가 있다.

아이들은 이 시기에 사건이나 사실을 알아내고 판단하기는 하나 자기중심성이 강하고 타인의 생각이나 행동도 자신의 경험대로 해석하므로, 새로운 일을 접하거나 다른 친구들을 만날 때 친절한 설명이 필요하다. 아이들의 엉뚱한 이야기도 진지하게 들어주고 "그런 생각을 했구나." "좋은 생각이구나." 하는 식의 긍정적인 반응을 보여 주어야 한다. 한번 시작한 일을 쉽게 포기하려 하거나 계속하지 않으려 할 때 필요한 것은 바로 가장 따뜻한 격려와 지지이다. 주변의 사소한 일들을 경험하는 동안 아이들은 이러한 긍정적 자아감을 갖게 되고 자리를 잡으면서 더 큰 세상의 새로운 도전에도 조금씩 다가설 수 있는 것이다.

46. 초등학교에 가요

초등학교에 입학할 시기가 되면 부모님들은 당황스러워하며 무엇을 얼마만큼 어떻게 준비해야 하는지, 조기입학은 어떠한지 묻곤 한다. 그리고 초등학교에 입학시키려면 유창하게 글을 읽고 쓰고 숫자를 줄줄 외는 것이 필요하지 않은지 조바심을 갖기도 한다. 결론부터 말하자면 그렇지 않다.

초등학교에 들어갈 때 한글, 숫자 등을 잘 아는 것이 반드시 중요한 것은 아니다. 그보다는 여러 가지 모양을 구별하는 시각 지각력, 공간 지각력, 또 글자를 쓸 수 있는 소근육 발달 등의 기초능력이 형성되어 있는지가 중요하다. 따라서 한글을 모른다고 해서 초등학교에 입학할 수 없다고 연결지어 생각할 필요는 없다.

유창하게 글을 읽는다고 해서 그 의미를 이해하는 것이 아니듯 학교에 갈 준비가 되어 있는지 아닌지를 글자와 숫자만 가지고 판단하기는 어렵다. 또 글자, 숫자를 잘 알고 초등학교에 조기 입학한 아이가 오히려 이해력이나 문제해결력 등이 부족하여, 또래 친구들과 학교생활에 잘 적응하지 못하는 경우도 많이 있다. 더구나 잘할 수 없다는 실패감을 느끼게 되어 자신에 대한 부정적 생각, 자신감의 결여 등이 문제가 되는 경우도 종종 있다.

이러다 보니 조기입학에 대한 견해도 각양각색이고, 일부 부모님들은 몸집이 크기 때문에 일찍 보내야 하지 않겠느냐고 말하기도 한다. 대부분의 아이들은 보통 만 6세에 초등학교에 입학하게 되는데, 생일이 2월 또는 3월인 경우 학교에 갔을 때 다른 아이들보다 연령으로 보아서는 가장 어린 편에 속하고, 다음 해에 입학하면 가장 큰 편에 속하게 된다. 연령차가 거의 11개월 이상 나게 되므로 판단이 어려울 때가 많다. 비슷한 또래인 것 같아도 11개월의 차이는 학습의 준비도나 발달 정도에 있어서 커다란 개인차를 드러낸다.

즉, 의사소통능력, 다른 사람의 말을 듣고 이해하는 능력, 사물이나 주변 상황을 다루는 능력 등에 무리가 없는지 살펴보고 학교에 보내기 전에 이러한 점에 주의를 기울여야 한다. 가령 유창하게 글을 읽는 아이들이라 해도 그 의미를 이해하는 데는 개인차가 많으며, 숫자를 잘 센다 해도 사물을 비교, 분류, 순서화할 수 있는 수학의 기초개념에는 차이가 있다. 그러나 무엇보다 중요한 것은 애착이 잘 형성되어 있고 성격에 무리가 없으며, 이와 같은 정서에 기초하여 사물에 대한 호기심이 있어야 한다는 것이다. 따라서 글자, 숫자를 잘 아는가보다는 다양한 능력, 특히 다른 사람과 잘 어울리며 정서적으로 잘 적응할 수 있는가에 주목할 필요가 있다.

초등학교에 입학하려는 자녀를 위해 부모가 무언가를 철저히 준비하는 것이 아니라, 아이가 자신감 있게 자기 일을 성취해 내려는 준비가 되어 있는지를 먼저 살펴보아야 한다.

V

유아교육의 이해와 지평

유아교육은 아이 스스로의 호기심을 통해
가장 기초적인 개념을 터득하고 그 앞에 펼쳐진 무궁한 세계를 의욕적으로 탐색함으로써
지적으로도 튼튼하게 성장하도록 돕는 일이다.

47. 부모됨의 의미: 아이를 낳고 기를 것인가?

아이를 낳을 것인가? 낳지 말 것인가? 나의 부모님은 왜 나를 낳고 기르셨는가? 할아버지 할머니 세대에는 자녀출산과 양육을 생각할 필요도 없이 당연한 것으로 받아들였다. 아버지 어머니 세대에는 자녀출산과 양육을 고생보다는 기쁨으로 여기고 여러 가지 의미를 부여했었다. 최근의 젊은 세대는 이를 기피하며 선택사항으로 여기는 경향이 늘어나고 있다. 주변의 젊은 부부에게 아이를 낳지 않는 이유를 물어보면 대체로 자녀를 기르는 데 노력을 쏟기보다는 자신의 인생을 즐기며 자아실현을 위해 애쓰고 싶다고 대답한다.

자녀는 사랑과 정열을 쏟을 상대로서 소중한 존재이다. 누군가에게 나의 삶을 온몸으로 전하고 대화하며 열정을 쏟을 수 있다는 것은 의미 있고 보람된 일이다. 자녀를 낳음으로써 무조건적인 사랑을 주고 싶은 대상이 생기는 것은 하나의 축복이며 그 사랑을 다듬고 키워 가는 일이 양육이다. 물론 그 열정은 내 욕구를 충족하는 대상이 아니라, 한 인격체의 성숙을 지원함으로써 부모가 된 나도 성숙해 가는 과정이다. 아기를 기르면서 느끼는 부모로서의 신기함과 놀라움, 질풍노도의 청소년 시기를 거치는 자녀의 모습은 부모의 젊은 시절 초상화이다. 장년이 되어 인생의 동반자로서의 상호작용을 통한 관계의 호흡 역시, 부모로서의 감정과 위기를 겪어 나가는 사회·문화적 삶의 질(quality)과 기회(chance)의 폭을 넓혀 줄 수 있다. 인생의 성취가 반드시 자신이 이루고자 하는 단 한 가지의 선택에만 있는 것은 아니기 때문이다.

젊음을 즐기며 편하게 살고 싶다는 신세대 부부가 늘고 있으나 '편함'은 즐거움의 필요조건이지 충분조건은 되지 못한다. 열심히 일한 뒤에 느끼는 보람, 온몸을 다하여 땀 흘린 뒤에 느끼는 편안한 휴식은 매일 편한 것에 만연되어 있는 영혼과는 또 다른 깊이가 있는 법이다. 자녀를 기르는 것이 힘들다고 생각하는 것은 결과에 치중하여 생각하기 때문이다. '나를 포기하고 그렇게 고생해서 얻어지는 것이 무엇인가?' '각각 자기 인생인데 편히 살면서 내 할 일을 하자'는 디지털식(digital) 사고의 소산이기도 하다. 만일 모든 부부가 그렇게 생각한다면 오늘의 나는 세상에 존재하지 못했을 것이다. 한 인간이 생명을 탄생시킬 수 있다는 것과 그 '작고 연약한 생명이 크고 튼튼하게(from small and weak to big and strong)' 자랄 수 있는 것은 위대한 작업이며, 사회·문화적으로도 세대를 계승한다는 차원에서 매우 의미 있는 일이다.

아리스토텔레스는 '가족은 인간의 일상적인 결핍의 공급을 위해 자연에 의해 만들어진 조합'이라 했으며, 가족을 모든 문화의 기초라고 하여 이 기초를 깨뜨리는 것은 문명 그 자체를 위협하는 것이라고 경고하기도 했다.

부모는 어른이고 성숙하고 완벽하며 아이는 부족하고 모자라므로 무엇인가를 가르치고 넣어 주어야 한다고 생각한다면 결과에 치중하게 된다. 언제 키워 학교 보내고 결혼시키랴 하는 고생만 떠오르게 된다. 자녀양육은 성취나 결과 이상으로 그 순간순간 성장의 기쁨과 관계의 성숙에서 그 아름다움을 찾을 수 있다. 자녀를 가진 부모로서의 희로애락을 경험하는 인격의 귀한 만남을 통해 자녀가 커 가는 만큼 부모도 성숙해지는 것이다.

농부의 행복한 삶이란 결코 고생스러운 농사를 포기하거나 편하게 짓는 것만은 아니며, 농사짓는 과정을 자신의 것으로 받아들일 때 가능한 것이다. 삶의 고비와 단락마다 최선을 다하여 사는 부모의 모습을 훗날 자녀들이 기억하며 또 열심히 세상을 살아간다면 그 역시 훌륭한 유산이다.

춥고 배고픈 나그네가 초가집을 찾았다. 그 집 역시 너무 가난

하여 넉넉하지 않았다. 보리밥 한 그릇을 대접받은 후 살펴보
니 집주인이 밤새도록 새끼를 꼬아 짐을 꾸렸다. 하루 종일 걸
리는 장에 내다 팔고 온다는 것이었다. 그러면 보리밥 한두 그
릇 정도가 나올 수 있다고 기뻐했다. 나그네는 "저에게 보리밥
을 주시고 그렇게 힘든 일을 하시나요."라고 묻자, 주인은 빙
그레 웃으며 "그것이 인생이오."라고 대답하였다.

48. 유아교육이란 무엇인가?

모든 부모는 내 아이가 잘 자라길 기대한다. 무언가 잘 가르치고 싶고 또 그 방법을 알고 싶어 한다. 건전한 성장을 위해서 잘 놀아야 한다고 생각하면 집에서 실컷 놀려야 될 것도 같은데 그러다 보면 불안하여 어딘가에 보내서 빨리 무언가를 배우게 하고도 싶어진다. 또 보낸다 하더라도 그 많은 유아교육 기관 중에 어디를 보내야 할지 망설이게 된다. 아이들을 들여다보고 있으면, 무엇인지 알아가는 것이 신기하고 생각보다 말도 잘하고 셈도 잘하는 것 같아서 내 아이가 똑똑해 보이기도 하고 때로는 부모로서 흥분되기도 한다.

인간의 발달은 지속적이고 단계적이어서 하루아침에 이루어지는 것이 아니다. 그러나 어떤 단계보다도 유아기는 신체적·사회적·정서적 성장이 급속히 이루어지는 시기이다. 신체적으로도 1년 새 몰라보게 달라지며 2세와 3세는 엄청난 차이가 있다는 것을 알 수 있다. 특히 생후 18개월부터 3세 사이에는 자율성이 생기고 자아가 확립되는 시기이다. '나'에 대한 생각이 강하여 고집과 떼가 늘고 전혀 예측할 수 없는 행동을 하게 되며, 5~6세에 이르기까지 계속 발전하여 점차로 자신의 능력에 확신을 갖게 되는 것이다. 이러한 확신은 무한한 흥미와 호기심으로 그리고 상상력으로 연결된다. 아이들이 냄비를 다 뒤집어 놓고 두드리거나 실을 줄줄 풀어 놓는 일은 예사이며 온 서랍을 다 열어 뒤죽박죽 늘어놓는 일들도 흔히 볼 수 있다.

이러한 경험들은 자신의 행위를 시험하고 그 반응을 체험하는 중요한 계기가 된다. 차차 자신의 능력을 발견하고 활발한 상상력과 환상으로 연결되는 창조적인 활동과정으로서, 초등학교 저학년으로 옮겨 가면서 실험을 즐기고 사실에 가까운 조그만 물건에 집착하게 된다. 인간관계도 엄마, 아빠보다는 친구나 선생님이나 집단을 염두에 둔다. 따라서 학교의 규칙이나 자기들끼리의 의리와 우정을 중요하게 여기게 된다.

우리 부모들이 20대, 30대, 40대를 지나 노년기에 이르기까지 그때그때마다 겪는 심리적 갈등과 특징이 있듯이 아이들에게도 그때그때마다 발달해 가야 할 과제가 있다. 이 숙제를 풀어 가고 경험하는 동안 우리는 누구나 다음 단계로 성장하며 조금씩 완성되고 있는 것이다. 인생의 전 과정을 통틀어 그 발달이 급속도로 이루어지는 시기이며, 정신적으로도 지적발달의 80%가 이때 이루어진다는 것은 학계에서 너무나 잘 알려진 사실이다. 이처럼 민감하고 반응적인 성장을 하는 유아기에 여러 가지 적절한 환경을 마련해 주면 지적발달이나 동기유발, 그리고 자아개념 및 사회적 상호작용이 잘 촉진될 수 있다.

그런데 우리는 '발달을 촉진시킨다.' 라는 말을 일찍 서둘러 무조건 무언가 많이 외우게 하고 알게 하는 것으로 잘못 이해할 때가 있어, 오히려 발달을 저해하기도 한다. 갑자기 단시일 내에 수를 잘 세고 글씨나 문장을 달달 외워서 어른들 앞에 재롱을 보이는 것을 무언가 많이 배워 오는 것으로 착각하는 것에서 벗어나야 한다. 그렇게 배운 것은 단시간 부모를 즐겁게 하거나 안심시킬 뿐이다. 또 초등학교 저학년에 가서 다소 효과를 보일지는 모르나, 이는 개념을 터득한 것이 아니므로 고학년이 될수록 이 다음의 학습이나 생활에 도움을 주지 못한다. 가장 호기심이 왕성할 때 기계적으로 외우는 것에서 벗어나 그 호기심을 동원하여 온몸의 감각으로 주변과 사물을 탐색하고 실험하는 경험을 하게 할 때 이것이 학습의 원동력이 된다.

현재 우리나라 '유치원 교육과정' 은 이와 같은 교육의 본질을 기초로 하여, 5개의 생활영역으로 구성되어 있다. 건강생활, 사회생활, 표현생활, 언어생활, 탐구생활의 5개 영역은 초등학교의 과목처럼 따로따로 떨어져 있는 것이 아니라 모든 영역이 종합적으로 통합되어 일어난다. 북소리를 듣고 그 수만큼 구슬을 실에 꿰어 오기 게임을 했다면, 소리를 들을 수 있는 청각능력, 그 수를 셀 수 있는 수 개념, 뛰어가서 구슬을 꿰어 온 것에서 소근육과 집중력이 동원되기 때문에 신체·언어·인지 발달에 해당된다. 또 여럿이 함께 뛰고 부딪히고 발산하는 기회는 사회·정서발달에 해당된다.

아이들이 그저 북소리를 듣고 뛰어가서 구슬을 꿰어 오는 간단한 놀이 속에도 교육적인 의미가 들어 있으며, 전문적인 유아교사는 이러한 놀이를 통하여 학습을 진행하는 계획을 갖고 있다. 교사는 아이들을 데리고 그냥 노는 것이 아니라 놀이 형태를 파악하고 그 안에서 개념을 터득하도록 도와주는 교육 전문가이다. 실제로 2살과 3살의 소꿉놀이 형태도 크게 다르며 그 진행과 확장도 다른 양상으로 전개된다. 또 그 놀이 속에 색깔·크기·모양 등의 기초개념이나 비교·분류·서열 등의 수개념 학습이 이루어지는 잠재된 교육계획이 있음을 기억해야 한다.

유아교육이란 이렇게 자연스러운 놀이 속에서 인간과 사물과의 관계를 갖게 하고, 여러 가지 개념의 기초를 놓는 과정이다. 책상에서 공책에 연필을 들고 있는 것만을 공부로 생각하는 고정관념 때문에 유아교육기관에서는 잘 가르치지는 않고 놀게만 한다고 생각한다면, 놀이를 통해 교육과정의 여러 목표를 달성하는 유아교육의 의미를 바로 보지 못한 것이다. 그러므로 시간을 앞당겨 미리 1학년 것을 다 배우게 한다든지 예능이나 특기를 빨리 익혀서 무언가 많이 알게 하면 금방 지능이 개발되고 천재나 영재가 될 것 같은 조급함에서 벗어나야 한다.

유아교육기관이 단지 시간을 단축하여 글씨나 노래와 재롱을 가르쳐 주거나, 그저 부모 대신 데리고 돌보아 주는 곳만은 아니다. 유아교육은 충분한 여유와 지속적인 시간을 들여서 정신적으로 안정되게 하고 적절한 자극을 받아 호기심이 일어나도록 돕는 교육이다. 따라서 스스로의 호기심을 통하여 가장 기초적인 개념을 터득하고 아이 앞에 펼쳐진 무궁한 세계를 의욕적으로 탐색함으로써 지적으로도 튼튼하게 성장하도록 도울 수 있는 것이다.

49. 놀이! 아이가 자라는 힘

　내 아이가 건강하고 지혜롭게 자라기를 바라는 것은 모든 부모의 공통된 바람이다. 따라서 어떤 교육기관을 선택할 것인가를 고심하게 된다. 많은 사람들은 좋은 교육기관의 기준으로 거리가 되도록 가깝고, 정서적으로 안정된 분위기, 안전한 건물, 적절한 교육과정 그리고 교사의 자질을 손꼽는다. 그러나 이러한 많은 조건들을 알면서도 막상 부모들은 무엇을 더 많이 가르쳐 주나? 무엇을 더 많이 배우나? 에 마음을 쓰게 된다.

　무엇을 가르치나요? 글자 가르쳐 주나요? 숫자를 가르쳐 주나요? 영어도 하나요? 수영도 하나요? 컴퓨터도 ……. 이렇게 무엇을 가르쳐 주는 유치원을 찾기 전에, 내 아이가 얼마나 안정된 분위기에서 선생님들과 좋은 습관을 배우며 친구와 협동과 경쟁을 통한 우정을 느끼는지 사물에 대한 호기심을 가질 수 있는지 우선 생각해 보아야 한다.

지능의 발달은 호기심에서 시작되며 무조건 많은 지식을 넣어 준다고 해서 발달되는 것은 아니다. 유아기에 쉴 새 없이 많은 것을 가르치기보다는 생각하는 힘을 길러 주어, 훗날 창의적 사고와 문제해결능력을 가진 아동으로 성장하게 하는 원천을 제공하는 일이 더 중요하기 때문이다. 무엇을 얼마나 많이 가르치는가보다 앞으로의 삶을 통해 평생 동안 기초가 되도록 어떻게 가르치느냐가 더욱 중요하다.

"눈이 왔어요."를 반복해서 듣고 말하기보다는 눈이 내리는 것을 보고 자신의 느낌을 표현해 보는 일이, 숫자를 달달 외우는 것보다는 수 체계와 개념을 이해하기 위해 수를 세어 보고 활용하는 일이, 글자를 무조건 외우고 쓰기보다는 지각 변별력, 소근육 발달, 눈과 손의 협응력이나 공간 지각력 그리고 안과 밖의 위치개념이 발달할 수 있는 놀이가 더 중요하기 때문이다.

자동차와 비행기의 차이점과 공통점을 찾아봄으로써 특성과 관계를 이해하게 되는 것이 바로 비교능력이며, 같은 색 같은 모양의 장난감을 음악에 맞춰 나누어 담는 것이 집합과 분류의 기초능력이다. 또 참외 옆에 있는 것이 사과이고 사과 옆에 있는 것이 포도인 것을 아는 놀이는 기하학 개념의 기초가 되는 것이다. 기초개념이 풍부하고 튼튼한 아이는 그만큼 다른 학습도 잘할 수 있는 힘을 가질 수 있으며, 이를 전이력이 풍부하다고 말한다.

　내 아이가 안정된 분위기 속에서 즐겁게 사물을 만져 보고 느껴봄으로써 호기심과 표현력을 기를 수 있는 곳은 어디일까? 다른 친구들과 조화하며 자신감을 가질 수 있는 곳은 어디일까? 스스로 놀이하고 협동함으로써 장래에 학습의 중요한 기초를 닦을 수 있는 곳은 어디일까? 다시 한 번 생각해 보자.

50. 바람직한 양육 환경

어린아이를 기르는 일과 부모 자신의 일 즉, 양육과 사회 경제적 생활의 양립에 대한 갈등이 이전 그 어느 때보다 심각하게 받아들여지고 있다. 어린아이를 두고 자신의 일을 하거나 직장에 나가야 하는 부모로서는, '아이는 집에서 부모 손으로 길러야 한다'는 전통적인 가치관이 말할 수 없이 버거울 것이다. 특히, 부모 중 어머니의 경우 그런 갈등을 더욱 심하게 겪어야 하는 것이 현실이다.

아이를 기관이나 남의 손에 맡겨 기르게 되면 아이의 성장 발달에 어떤 영향을 미칠까? 아이에게 긍정적인 경험이 될 수 있을까? 이런 문제는 부모의 가슴에 얹힌 돌이기도 하고, 학자에게는 풀어내야 할 숙제이기도 하다.

우리나라에 탁아소가 처음 소개된 것은 1920년경이다. 그러나 탁아는 사회의 관심을 전혀 받지 못하였고, 빈곤한 가정의 아이들을 돌본다거나 결손 가정을 돕는 것과 같은 자선 사업의 한 부분으로 인식되었다. 이후 1961년에 제정, 공포된 아동복리법이 1981년에 아동복지법으로 개정되어, 뒤이어 1982년에 제정된 유아교육진흥법을 계기로 국가적 관심이 확대되었다. 1991년에는 영유아 보육법이 마련되었으며 2004년에 개정되었다. 그리고 2004년 1월 8일 유아교육법이 통과, 제정되었고, 동법 시행령 및 시행 규칙이 2005년 2월 공포되었다. 어린이에 관한 법적 근거가 보다 확고해진 것이다.

이와 같이 적어도 입법에 관련된 논의가 이루어지고, 보육이나 유아교육 정책이나 프로그램이 논의의 대상이 되기까지는 가족 구조의 변화, 기혼 여성의 경제 활동 증가, 영유아기 발달의 중요성에 대한 사회 경제적 여건 등이 지대한 영향을 미쳐 왔다. 여성들의 취업이 빠른 속도로 증가하고 있으며 일, 가족과 삶의 형태가 변화하고 저출산 고령화 사회의 심각성이 논의되고 있다.

보육시설이나 유아교육기관은 이제 더 이상 구제나 지원사업 또는 어쩔 수 없이 일해야만 하는 부모를 대신해 아이를 맡아 주는 일에 머물지 않는다. 단순한 보호에서 한 걸음 나아가, 아이의 복지와 행복한 가정생활을 위해 모두에게 필요한 공공의 제도로 발전하고 있으며 포괄적 서비스의 개념으로 확대되고 있다. 보육, 유아교육과 양육의 개념은 이제 일하는 엄마의 개인적인 문제가 아니라 가족과 사회가 공동으로 논의해야 하는 사회의 보편적인 문제인 것이다.

아이를 시설 및 기관에 보내면서 무엇보다도 먼저 생각해야 할 것은 어머니와의 정서적 유대감이다. 과연 아이와의 관계가 친밀하게 잘 유지되며 성격발달에 문제가 없을 것인가? 친구를 잘 사귀며 사회적 관계를 잘 유지할 것인가? 하는 점들을 걱정하게 마련이다.

시설이나 기관에서 양육하는 아이들의 발달이나 성장의 효과에 관한 논란은 전문가와 학자들 사이에 끊임없이 거듭되어 왔다. 여러 가지 측면의 연구 결과들이 많이 있지만 인간의 행동 특성을 단순 명료하게 결론짓기는 어렵다. 또 아이를 시설 및 기관에 보내는 이유를 어머니가 직장에 나가기 때문이라는 한마디로 설명할 수도 없다. 어머니가 아이를 시설 및 기관에 맡기고 일을 하는 배경에는 경제적인 이유에서부터 자기실현의 욕구 또는 육제척, 정신적으로 양육이 어려운 사정, 일에 몰두할 필요에 이르기까지 그 원인이 다양하다. 각기 다른 사회적, 심리적, 문화적 특성을 가진 가정을 배경으로 성장하는 아이들에게서 단지 시설이나 기관에 의한 경험에 관련된 영향만을 추출해 내기는 거의 불가능하다.

그러나 이 분야의 많은 연구들은 부정적인 영향을 지적하기보다는 어머니가 일을 갖고 나름대로의 생활을 하는 것이 자긍심을 줄 수 있으며 부모 자녀 간에 질 높은 상호작용이 더 중요하다는 점을 부각하고 있다. 시설이나 기관을 경험한 아동의 지적발달에 관한 연구에서도 아이와 어른의 언어적인 상호작용이 가장 중요한 요인임을 알려 준다. 즉, 이 시기 경험이 지적발달과 얼마나 연관이 있는가를 따지기보다는 얼마나 질 높은 언어적 상호교류와 자극이 있는가 하는 점에 주목해야 한다는 것이다.

다른 또래와의 접촉이나 사회적 경험에 관련된 연구보고서에서도 시설 및 기관에 맡겨졌던 아이들이 더 경쟁적이고 공격적이라는 문제점보다는 평소에 또래 친구와 계속해서 노는 경험을 통해서 사회적 기술을 익히는 기회를 갖게 되고, 충돌과 타협을 통해 우정이나 협동을 배워 나간다고 보고하고 있다. 특히 오늘날과 같은 핵가족 사회에서는 아이들이 여러 명의 또래와 어울려 절충하며 문제를 해결해 나가는 기회를 보다 많이 가질 수 있다는 점에서 긍정적인 평가를 받는다.

이제 우리는 시설 및 기관에 보낼 것인가 말 것인가 하는 논란에 앞서 질적인 보호와 교육의 두 기능을 함께 안아야 하는 문제에 더 관심을 가져야 한다. 시설 및 기관의 가장 기본적인 환경 조건은 안락하고 따뜻한 느낌과 안정에 대한 아이의 욕구를 만족시켜야 한다는 점이다. 인정되고 수용되는 분위기 속에서 다양한 물체와 재료를 실험하고 적극적으로 탐구하면서, 여럿이 함께 의사소통하는 방법을 습득할 수 있다. 또한 사람과 사물에 대한 다양한 활동을 통하여 자신의 성취에 자부심을 느끼고 자기 신뢰와 독립심을 얻으며, 자신 있게 문제를 해결해 가는 방법도 배우게 된다.

시설 및 기관에 보내는 것이 좋은가, 좋지 않은가와 같이 극단적으로 이분된 견해는 결론을 이끌어 낼 수 없다. 여러 연구의 결과들이 제시한 문제들, 특히 부정적인 측면들은 아이를 시설 및 기관에 보냈기 때문에 생긴 문제라기보다는 아이의 성장발달과정의 맥락에서 보아야 할 문제이다. 그러므로 아이를 시설 및 기관에 보내는 현실을 보다 긍정적으로 해석하고, 정책, 제도, 재정 및 시설이나 인력 면에서 부족한 부분을 보완해 나가도록 국가와 개인이 함께 노력해야 한다. 이를 통하여 머지않아 우리는 보다 미래사회에 적합한 질 좋은 양육 환경을 갖게 될 것이며 비로소 공보육, 공교육의 개념도 제자리를 찾게 될 것이다. ✿

51. 질 좋은 프로그램 선택하기

근처에 많은 시설과 기관이 있지만 어떤 곳이 우리 아이에게 좋을지 쉽게 판단이 서지 않는다. 어떤 곳이 좋은가? 무엇을 보아야 할까? 전문서적들은 질 좋은 프로그램의 조건을 건강과 안전, 영양, 학습 환경, 교사-유아의 상호작용, 개별화에 이르는 여러 가지 분류체계를 통해 수십 가지로 제시하고 있다.

그러나 실제로 프로그램이란 장기간을 두고 운영되는 교육 목적과 내용 및 방법의 통합이므로 그 많은 조건이 쉽게 눈에 띄지도 않으며 방문하여 일일이 점검하기도 쉽지 않다. 좋은 시설이나 기관을 선택하기 위하여 무엇을 생각할지 점검해 보자. 또한 시설과 기관에서도 자신의 프로그램을 자문해 볼 수 있다.

- 언제(when) 운영되나?: 아이에게 적절한 시간에 운영되고 있는지, 반나절 프로그램인지, 간식, 점심, 낮잠 등을 포함하여 종일반 프로그램이 있는지, 우리 아이가 적어도 1~3년의 경험을 할 수 있는지 알아본다.

- 어디에서(where) 운영되나?: 신체적, 심리적으로 안정감을 줄 수 있는 장소와 분위기인지 주변 환경, 집과의 거리는 어떠한지 알아본다.

- 누가(who) 운영하나?: 무엇보다도 교사의 자질, 품성, 태도 등은 프로그램의 질을 좌우하므로 자격을 갖춘 전문적인 교사인지 알아본다.

- 무엇을(what) 하나?: 쉽게 파악할 수 있는 것은 아니지만, 하루 일과를 알아보고 실내·외에 블록, 도서, 소꿉, 미술, 과학, 언어, 음률, 모래놀이 영역 등이 얼마나 다양하게 이루어져 있는지를 살펴봄으로써 간접적으로 교육내용을 알 수 있다.

- 어떻게(how) 진행되나?: 일과가 어떤 방법으로 진행되는지는 역시 쉽게 점검하기가 어렵다. 그러나 연습지, 연필, 비디오, 상업용 교재보다는 손과 몸을 많이 움직일 수 있는 다양한 장난감과 놀이 중심의 활동이 이루어질 수 있을 것인지에 중점을 두고 살펴본다(활동적인 활동, 조용한 활동이 가능한지, 개인별로 할 수 있는 활동, 대그룹으로 또는 소그룹으로 할 수 있는 활동이 가능한지를 염두에 두어도 좋다).

• 왜(why) 운영하나?: 원장이나 주임교사와의 만남을 통하여 그 철학이나 운영방침을 파악하는 것도 필요하다.

무엇보다도 프로그램은 무엇이, 어떻게 이루어지는가에 초점을 두고 생각해야 한다. 우리나라 「유치원 교육과정」에서는 건강하고 안전한 생활을 하며, 일상생활에 필요한 기본생활습관을 길러 민주시민으로서의 기본자질을 갖추게 하는 데 중점을 두고 있다. 또한 심미적 감수성을 개발시키며 듣고 표현하고 의사소통능력을 기르고 지적 호기심을 일깨움으로써, 창의적이고 탐구적인 사고력이 발달되도록 하는 데 있다. 「표준보육과정」에서 기본생활태도를 기르는 것과 자율적인 인간, 건전한 인성을 가진 창의적인 인간을 강조하고 있는 것과 마찬가지이다.

실제로 기관이나 프로그램을 선택할 때 일찍 보낼 것인가 늦게 보낼 것인가도 부모의 고민이다. 또, 같은 기관에 오래 다니는 것에 대하여 회의적일 때도 있다. 그러나 오히려 정서적으로 안정된 가운데 자신의 생활을 수용할 수 있는 장점도 있을 것이다. 비록 같은 시설에 똑같은 환경이라도 아이의 성장에 따라 시야가 달라지므로 학습의 범위도 확대될 것이다.

소문난 프로그램, 글자, 수, 미술, 피아노, 무용 등 여러 가지를 많이 가르쳐 주는 곳을 생각하기보다는 우리 아이가 안정된 분위기 속에서 사물에 대한 호기심을 갖고 다양한 활동을 해

볼 수 있는 곳은 어디일까를 고민해 보자.

인생의 지혜는 대학원의 산꼭대기에 있는 것이 아니라 어린 시절의 모래성 속에 있다 하지 않았던가!

52. 열린 교육을 지향하며

학창시절, '아름답고 슬기롭고 명랑하게' '아름다워라. 근면성실하라. 순결하라.' '자율인·창조인·건강인'과 같은 우리네 학교의 교훈만으로도 남학교인지 여학교인지를 금방 알 수 있었다. 청소를 잘못하면 '여자가 꼼꼼하지 못하다'고 야단을 치며, 컨닝하는 남학생에게 '여자라면 몰라도~'라고 주의를 준다는 어른들의 태도에 대한 보고서도 우리 사회의 성에 대한 고정관념의 일면을 잘 보여 주고 있다.

우리는 주로 성역할뿐만 아니라 외모나 연령에 따라, 종교에 따라, 지역·인종이나 문화에 따라, 계층이나 가족구성에 따라 크고 작은 편 가르기에 익숙해져 있다. 남들이 생각하는 대로 쉽게 생각하고 타성에 젖음으로써 인간의 존재에 대한 가치나 존엄성을 생각하기보다는, 남과 다른 것에 융통성을 발휘하지 않는 획일주의를 따라가면서 결국 질기고 단단한 인식의 틀에 안주하고 마는 것이다. 개인으로서는 따스한 정과 사랑을 갖고 있으면서도 한국사회가 갖는 장애인에 대한 왜곡된 시각이나 외국인 노동자에게 가한 부당하고 비인간적인 대우에 상처받고 돌아간 사람들을 기억해 보자. 한국 사람들이 보여 준 인간미와 한국 사회가 갖는 부당한 처사들 사이의 격차가 엄연히 존재하고 있다던 그들의 지적들을 깊이 성찰해 보아야 할 때이다.

미개사회라고 부르는 '야노마뫼족' 은 공공연하게 여아를 살해했다고 한다. 외견상 잔인해 보이지만, 그들에게는 생태계에 적응하고 소규모 집단으로서 자기 생존의 간접적인 방법으로 여아를 살해했다는, '이성적인' 측면이 있다는 것이다. 한국사회에서의 여아 인공유산은 사실 집단의 생존과는 무관하다. 이는 유교에 기초한 권위주의적 가부장제도와 남아 선호사상에 근거한 것으로, 현대 과학기술을 이용한 이 방법은 야노마뫼족보다 더 '야만적' 일 수도 있다고 한 인류학자는 지적하고 있다. 문화의 다양성과 삶의 방식을 이해하고 보면 '야만적' , '미개적' 이라는 것도 현대인의 '편견' 에 불과할지도 모른다.

어느 사회나 자신들의 삶의 방식이 가장 옳다고 생각한다. 가족구성에 있어서도 중국은 확대가족이며 미국은 핵가족의 특성을 지니고 있다. 3대가 모여서 식사를 하는 다소 북적이는 중국 가족과 부모와 딸아이가 해변을 산책하는 미국 가족의 모습은 대조를 이룬다. 이 모습은 사회생활에 대한 생각, 태도에 있어서 집단주의적 성향과 개인주의적 성향을 대변하고 있다. 결국, 상황 중심적 생활방식과 개인 중심적 생활방식의 차이가 존재한다. 부정적이고 고정적인 의식이 쌓이면 어느새 담을 만들고 결국은 허물기 어려운 높은 벽을 이루어, 무서운 편견의 틀에 갇히고 만다. 편견은 멀리 아라비아나 아프리카 사람이나 특정한 부류의 사람들이 갖고 있는 것이 아니라, 바로 우리 자신의 내부에 깊이 들어와 있는 끈질긴 의식이다.

얼마 전 백화점에서 여자 손님 2명이 물건을 골랐다. 처음에 분명히 한국말을 했는데 곧이어 서로 중국말을 하기 시작했다. 그들이 돌아서자 점원은 한국 사람인데 자기를 보자마자 외국인인 척했다며 비아냥거리는 곱지 않은 시선으로 동조를 구하듯 나를 쳐다보았다. "두 나라말을 다 할 줄 아는 분들인 것 같아요." 이렇게 답하자 그때서야 경직되었던 점원은 얼굴을 풀며 "그럴 수도 있겠네요." 하고 고개를 끄덕이기 시작했다. 그 점원은 그들이 자기 앞에서 외국인인 척하는 것으로 생각되는 순간 '잘난 척하는 부인들'로 생각이 비화되고, 외국어나 좀 안다고 거만하게 구는 자신과는 다른 부류의 사람으로 선을 그었을지도 모른다. 그러나 두 나라말을 유창하게 잘하는 부인들로 보여 지는 순간 그 점원은 분명 다른 쪽의 생각이 가능했을 것이다.

　　타인의 행동을 자신의 관점에서 성급히 판단하고 결론 내려 버릴 것이 아니라, 왜 그럴까? 다른 이유가 있을까? 생각해 볼 때 비로소 좁은 시야가 극복될 수 있는 문이 열릴 수 있다. 편견을 없애 준다거나 한 가지 생각에서 벗어나게 하는 것이 "아프리카 검둥이는 야만인이래!" 하고 무심히 던지는 아이들의 말에 단순히 "아프리카 사람은 야만인이 아니야."라고 대답해 주는 것을 의미하지는 않는다. "왜 야만인이라고 생각하니?" 하고 이야기를 들어보자. 그리고 우리와 사는 방식이 다르다고 해서 성급히 차별하며 몰아세워서는 안 된다는 것을 전달해야 한다. 그것이 '차이'일 수 있음을 생각하게 하는 여지를 남겨 주고 그 차이와 만나게 하자. 그러한 만남으로 인하여 다른 삶의 양식이나 문화를 인정하고 배려하게 되는 것이다. 사고의 다양함은 분명 사회와 문화가 가진 힘이다. 늪지를 누비고 사냥하며 먹을 것을 마련하는 그들의 진지한 삶을 아이들에게 보여 주려고 노력할 때, 진정으로 열린 교육에 한 걸음 더 다가가 아이들의 시야와 지혜를 넓혀 줄 수 있을 것이다.

53. 세계화 시대, 우리들의 편견 되돌아보기

❖ 편견이란 무엇인가?

어떤 아버지와 아들이 길을 가다가 교통사고를 당하여 아들이 크게 다쳤다. 아버지는 아들을 즉시 병원으로 옮겼고 의사의 수술을 받게 되었다. 수술을 마친 의사는 아들의 침대 옆에서 "제발 제 아들을 살려 주십시오."라고 하느님께 간절한 기도를 올렸다. 도대체 의사는 누구이기에 그 아들을 살려 달라고 했을까?

몸집이 큰 인디언과 작은 인디언이 길을 걷고 있었어요. 그 작은 인디언은 몸집이 큰 인디언의 아들이었어요. 그러나 몸집이 큰 인디언은 그 작은 인디언의 아버지가 아니래요. 수수께끼는 이래요. 만약 작은 인디언이 큰 인디언의 아들인데 큰 인디언

은 작은 인디언의 아버지가 아니었다면 그는 누구일까요? 두
마디 동안에 알아 맞춰 보세요

이 문제들의 정답은 '어머니'이다. 그러나 정답을 맞히는
사람은 많지 않다. 주변에서 여의사를 많이 볼 수 있음에도 어
머니가 의사일 수 있다는 가능성에 대해선 생각하지 못한다.
그리고 인디언이라고 했을 때 어머니일 가능성에 대하여 미처
생각을 넓히지 못하였다. 이는 우리의 성에 대한 고정관념을
되돌아보게 하는 이야기이기도 하다.

생각이 한쪽으로 쏠리거나 치우치게 됨으로써 사고의 균형
을 잃게 되는 것이 바로 편견이다. 편견이란 옷감의 사선(바이
어스: bias)과 같이 비스듬히 엇갈리게 된 것, 볼링(bowling)을
할 때 비뚤어진 진로와 같은 뜻을 가지고 있다. 즉, 공정하지
못하고 한쪽으로 기울어지거나 치우친 생각으로서, 어떤 사물
에 대한 편애, 싫어함, 두려움을 통해 나타나는 견해나 선입관
을 갖는 심리적 경향을 의미한다. 이와 같은 편견은 충분한 근
거도 없는 불완전한 정보에 근거를 두고 있으며, 명확한 지식
이나 별다른 이유도 없이 어떤 집단이나 사람에 대해 갖게 되
는 부정적인 인상 또는 태도이다.

❖ 편견 속에서 발견되는 자화상: 우리들의 편견 되돌아보기

• 획일주의

우리는 오래전부터 에디슨이 달걀을 품은 이야기를 들려주며 남과 다른 사람이 되라고 가르치면서도 막상 남과 다른 행동에는 너그럽지 못하다. 획일적인 사고나 형식주의적 관념은 자신의 정체성을 파악하는 데 제한을 준다. '나는 누구이며 내가 원하는 것이 무엇인가?'에 대한 질문과 나의 존재에 대한 가치 또는 존엄성을 깨닫기보다는 남과 같을 때 편안함을 느끼며 익숙해지는 것이다. 모두가 한 방향으로만 달려가기 때문에 길이 좁아지는 과열경쟁, 장애인이나 소수에 대한 편견도 결국, 남과 다른 것에 융통성을 발휘할 수 없는 획일주의와 무관하지 않을 것이다. 외국에서는 장애등급, 능력에 따라 큰 혜택을 받을 수 있기에 장애등록을 거부하지 않는다고 한다. 이에 비해 우리나라에서는 국가로부터 혜택은 지극히 미미하며, 편견과 차별이 심한 사회구조에서 이것이 오히려 좋지 않은 '꼬리표'를 다는 셈이 된다는 지적은 우리의 편견을 잘 나타내 주고 있다. 자기 나름의 삶의 방식대로 살면서도 남에게 방해나 폐가 되지 않고 서로 사랑하고 격려하며 존중받는 사회는 이상일 뿐인가? 되묻게 된다.

• 고정관념

한 방송사가 언젠가 인간탄생의 사회적 의미를 조명하는 프로그램으로 '탄생문화'를 점검한 일이 있었다. 이 프로그램은 대부분의 산모가 병원에서 '기계적으로' 아기를 출산하는 풍토에 반하여 임산부의 조건을 고려한 수중분만 등의 방법을 소개했었다. 또한 부모의 편견과 출산에 대한 무지 때문에 빛을 보지 못하는 태아의 수가 엄청나다는 점을 조명함으로써, 휴머니즘에 대한 탐색과 논의를 제시해 주었다. 서두에 제시된 의사나 인디언의 예 역시 우리의 고정관념을 대변하고 있다. 또한 국내 입양보다 해외 입양이 훨씬 많다는 것과 장애아는 거의 해외에 입양되고 있음은 널리 알려진 사실이다. 남의 나라 장애아를 입양하는 부모들을 휴머니스트라 칭하고 장애아를 누구나 키울 수 있는 사회여야 한다고 외치면서도, 과연 내가 키울 수 있는가에는 대답하기 어렵다.

• 배타적 태도

우리는 때때로 외국사람의 배타적 태도와 편견에 분노한다. 나치시대의 유태인 학살, 노예 해방전쟁이라 불리는 미국 남북전쟁 등의 역사적 사건에는 편견에 의한 대립과 희생이 얼룩져 있다. 언젠가 일본 어린이들의 한국인에 대한 인식조사결과가 보도된 적이 있다. "저녁밥 먹을 때 편하게 앉았더니 조선사람 앉음새라고 꾸짖음을 들었다." "조선 사람은 무지하다."와 같은 표현을 들을 때, 우리는 그들의 왜곡된 시각을 나무라고 불쾌해 하게 된다. 또한 미국 인디애나 주에서 우리나라 유학생이 유색인종을 경멸하는 사람으로부터 총살을 당한 가슴 아픈 일도 있었다. 그러나 우리의 배타적이고 불공평한 대접 때문에 한을 안고 돌아간 외국인 노동자를 생각해 보자. '아프리카 사람은~' '인도사람은~' 하면서 무심히 결론지어 버리는 우리의 모습도 크게 다르지 않으며 우리 역시 유색인종에 대한 편견이 심한 민족이다. 감정, 이해관계나 학연, 혈연, 기타 연줄 등 사적인 잣대로 사사로운 원칙을 적용하는 우리가 과연 이들로부터 자유로울 수 있는가? 이 역시 답을 찾기 어렵다. 망국병이라는 지역감정 역시 마찬가지이다. 특정지역에 애착을 갖고 향토애를 갖는 것은 아름다운 일이나 그것이 타지역에 대한 고정관념, 배타적 태도로 이어져 무서운 벽이 쌓이는 것을 우리는 이미 많이 보아 왔다.

❖ 세계화 시대를 향하여

"하인의 눈에는 영웅이 보이지 않는다." 철학자 헤겔의 말이다. 좁은 시야로는 넓고 아름다운 세상을 짐작할 수 없는지도 모른다. 시대를 뛰어넘는 역사적 통찰력도, 세기를 앞서 가는 미래 사회를 보는 눈도, 일상을 통하여 자신의 삶을 직시하는 혜안도, 편견과 아집에 사로잡혀서는 불가능한 일이다. 박문심지이양(博聞深知而讓)이라 하지 않는가? '널리 듣고 깊이 알면 겸손하다' 는 말은 교육의 장(場)에서 아이들과 살아가는 우리 모두가 가슴에 새겨야 할 교훈이기도 하다. 어린 시절에 불렀던 노래가사를 떠올려 본다. '강물아 흘러 흘러 어디로 가니? 넓은 세상 보고 싶어 바다로 간다.' 우리 아이들이 보다 넓은 세상을 만나기 위하여, 지금부터라도 편견의 끈질긴 속성 앞에 닫힌 의식의 문을 과감하게 열어 젖혀야 한다.

54. 다문화 교육을 위하여

최근 모 기관의 부설 유치원에서 접근한 반편견 교육에 대한 실험은 인상적이다. 유아들은 많은 인형 중에서 백인여자 인형을 서로 갖고 싶어 했으며 흑인인형은 더럽다고 집어던지며 몸이 온전하지 않는 장애인형도 만지지 않으려고 했다. 그러나 반편견 교육과 다양한 사람의 생활모습에 대한 교육을 실시한 후, 흑인인형이나 장애인형을 끌어안고 노는 것을 포함한 유아들의 행동에 변화가 있었다는 보고가 있다.

문화란 삶을 담아내는 하나의 그릇이며, 다문화 교육은 자신의 정체성에 대한 긍정적 발달을 토대로 다른 사람의 삶의 방식에 대한 폭넓은 이해와 존중을 통해 인간의 삶을 통찰하려는 데 목적이 있다. 따라서 다문화 교육은 정체성 형성, 평등성, 다양성, 협력, 반편견 문화와 같은 요소들을 중요한 내용으로 보고 있다. 그러므로 유아기에는 우선 고정된 편견을 갖지 않도록 하는 일이 무엇보다도 중요하다. 유아가 사회화되어 가는 과정에서 영향을 받는 편견의 영역은 대개 능력, 나이, 외모, 믿음, 계층, 문화, 가족구성, 성, 인종, 성적관심 등 10가지로 설명되며, 이는 반편견 교육내용의 근거가 되고 있다.

이러한 반편견 교육의 방법으로는, 기존의 교육 속에 반편견 요소를 구현하도록 내용을 첨가하는 '결합과정(모래놀이에 여러 다양한 사람의 인형을 첨가함)', 자원인사를 초청하거나 상호작용을 통하여 친밀감을 느끼게 하는 '인격화 과정' 그리고 하나 또는 그 이상의 반편견 영역으로 '확장(여러 나라의 다양한 연령의 사람들이 할 수 있는 일: 능력, 나이, 인종, 성)' 하는 접근법들이 논의되고 있다. 반편견 교육의 교육과정화를 위하여 수용적이고 포용력 있는 성인으로서 염두에 두어야 할 내용과 방법은 다음의 몇 가지로 생각해 볼 수 있을 것이다.

❖ 다양성에 접하는 경험을 갖는다.

반편견 교육과 다문화 교육을 위해서는 우선 다양성에 노출되는 일이 필요하다. 그렇다고 해서 다문화를 외국문화를 소개하는 것으로 오해해서는 안된다. 우리나라의 다양한 전통문화 속에서도 다양성과 삶의 지혜를 만날 수 있는 방법은 얼마든지 있다. 여러 지방의 김치, 음식, 문화, 악기와 음악 등 그 자원은 무궁무진할 것이다.

최근에 이색지대를 가는 것이나 오지체험에 관한 TV프로그램도 다양성의 시야를 확대하는 예로 활용될 수 있다. 생각하지 못했던 아라비아 문화, 중동 문화 등을 통해서도 인간 삶의 공통적인 지혜를 접하게 된다. 낙타의 오줌은 여인들의 머리 감는 샴푸로 사용되고 배설물은 오아시스의 유일한 연료가 되는 이야기, 향수가 생겨날 수밖에 없는 아라비아 이야기들도 또 다른 생각의 기회를 주는 일이다. 또한 교재, 교구를 포함한 교육자원을 점검하는 일도 중요하다. 남녀노소가 다양하게 일하는 모습, 피부가 다른 여러 민족이 어울리고 있는 사진 또는 다양한 가족 구성원의 모습, 노인들이 다양한 상황에서 일하는 모습 등을 자주 볼 수 있게 하는 것도 필요하다. 장애가족의 소극적 자세나 풍토도 개선되어 장애인의 모습을 자주 볼 수 있는 기회가 허락되어야 한다. 어떤 공공건물에 장애인용 리프트를 설치했지만 사용하는 사람 없이 고장 났다는 기사는 그만큼 폐쇄적이고 노출되지 않는 우리 사회의 모습을 반영하고 있다.

❖ **친근감과 안락감을 느끼는 기회를 확대한다.**

외면하지 않고 접촉하며 만났다고 해서 친밀감이나 편안함을 느끼는 것은 아니다. 다른 사람과 똑같은 장애인 가족에 얽힌 감동적인 이야기, 어머니가 아기를 업고 산에 가서 먹을 것을 찾아오는 흑인가족 이야기와 고기를 잡는 남미 어부 아버지의 마음도 차이점보다는 인간의 유사점을 소개함으로써 친근하게 받아들일 수 있게 해야 한다. 여자 소방원의 모습을 한 번 쯤 보는 것은 하나의 경험이 될 수 있으나, 영화나 이야기를 통하여 그 소방원의 활약상을 보는 것은 그의 정열과 이웃사랑을 느끼게 함으로써 친밀감과 편안함을 줄 것이다. 길거리에서 제복 입은 경찰관을 보면 편안하고 친근감을 느끼는가? 아니면 '내가 뭐 잘못한 것은 없나?' 하는 두려운 느낌이 드는가? 이는 우리의 경찰관에 대한 친밀감이나 편안함과 관련되어 있을 것이다.

❖ 감정이입을 통하여 적극적인 수용의 자세를 갖는다.

편견의 영역과 관련된 것들이 얼마나 편안하고 친근하게 받아들여지는가에 따라, 질적인 교감이 이루어지고 감정이입의 단계에 이르게 됨으로써 적극적인 수용의 자세를 가질 수 있다. 대화의 기술도 중요한 역할을 한다. 모든 아이들에게 '다방' 이라고 하면 모두 웃거나 의아해 한다. 또한 '지우개' 를 '고무' 라고 하면 알아듣지 못하는 것과 같은 세대 간의 단절은 쉽게 발견된다. '카페' 나 '커피숍' 으로 바꾸어 설명하려고 하기보다는 게임방, 놀이방, 대화방이라고 하듯 차를 마시는 방 (茶房)이라는 개념으로 과거에 사용했었다는 맥락을 전달하는 것이 보다 적극적인 자세이다. 대화란 다리를 놓아 주는 것이다. 시간과 공을 들여 다리를 놓지 않으면 감정이입은 실패하고 만다.

❖ 교사 · 부모교육을 통한 지원을 강화한다.

한 건설현장에서 어머니가 어린 자녀에게 한 말이다. "너 공부 못하면 저 아저씨처럼 되는 거야. 알았지?" 실제로 한 아파트 단지에 한쪽은 주로 그 회사의 고급간부가 살고 있고 한쪽은 주로 공사를 맡은 현장 근로원이 살고 있었다. "너 이렇게 살고 싶니? 아니면 저렇게 살고 싶니? 공부 못하면 저렇게 고생한다."라는 어머니의 말에는 우리 사회의 편견과 학력만능주의, 몸이 편한 직업이 좋은 직업이라는 생각이 들어 있음을 부인할 수 없다. 책상에 앉아 있든 길을 파고 있든 수많은 사람들이 땀을 흘리며 열심히 일하는 엄숙한 삶의 현장을 아이에게 보여 줄 수 있는 언어와 사고의 여유를 가진 어른들의 모습을 발견하고 싶어진다.

❖ 규범과 가치에 대한 논의와 합의가 필요하다

편견이나 문화에 대한 가치, 태도, 행동은 상호 복합적이다. 어떻게 이들을 교육과정에 적합한 형태로 포함할 것인가? 우리가 가지고 있는 이중가치(double standards)의 문제, 또는 대체로 합의하고 있는 것 같으면서도 세부적으로는 합의되지 않은 규범들에 대해서도 심도 있는 논의가 필요하다. 편견의 개념은 많은 부분이 깊게 뿌리 내린 삶의 양식에서 연유한 실재적 가치와 관련되어 있다. 이는 행동이 표출되기까지 인간의 가치나 신념의 질, 태도와 같은 주요변인 또는 매개변인으로서 상호 혼합되어 영향을 미치게 된다.

반편견 교육이나 다문화 교육은 결코 '우월함' 이나 '극단 적인 유별함' 을 인정하거나 추구하려는 것이 아니다. 오히려 '차별' 을 승화시켜 '차이' 를 인정하는 작업이다. 실제로 현장 에서는 사회공동의 규범과 상당히 거리가 있는 문화나 형태에 대하여 얼마나, 어떻게 수용해야 하는가의 문제와 직면하게 된다. 편협하고 주관적이지는 않으나 '주관 있는' 판단이 필 요하듯 단순한 '차이' 를 '차별' 로 확대하지 않고 '차별' 을 한 차원 끌어올려 '차이' 의 다양성을 인정하는 데는 상당한 인내 와 노력이 동반되는 것이다. 결국 다문화 교육은 편견을 극복 하여 열린 눈으로 세상을 봄으로써, 다양한 인간 생활의 섬세 함과 진지함을 통해 창의적 삶을 만들어 내는 것이기도 하다. 따라서 다문화 교육은 비주류 문화에 대한 편견을 없애고 개 방적인 것만을 의미하기보다는 궁극적으로 다양한 집단과 상 호작용하는 방법을 가르치는 교육이다.

55. 졸업의 의미

❖ 교단에 설 후배에게

옛 스승과 제자가 전쟁 중에 적군과 아군으로 만났다. 서로에게 총을 겨누지 않으면 안 될 상황에서 그들은 어린 시절 한 사람의 교사와 한 사람의 학생으로 만나 배우고 가르치던 아름다웠던 추억을 떠올렸다.

"쏴라." 스승이 말했다. "쏘시오." 제자가 말했다. 가슴이 뿌듯했던 지난날의 추억이 생각나 둘은 차마 쏠 수가 없었다. "그럼 같이 쏘자." "그럽시다." 하나, 둘, 셋…… 총성이 요란하게 울린 뒤 쓰러진 사람은 한 사람, 바로 스승이었다. 쓰러진 스승을 부둥켜안고 울부짖는 제자의 울음소리는 메아리가 되어 온 산을 뒤흔들었다.

이데올로기보다 더 중요한 무엇이 있음을 가르치고 간 스승의 모습을 제자는 끝내 잊을 수가 없었다.

"얼마 전, 감동 깊게 읽은 이 이야기가 생각납니다. 나는 훌륭한 선생이 되지 못하면서 이제, 여러분에게 훌륭한 선생님이 되길 기대합니다. 아이들 앞에 서게 될 여러분의 앞날에 많은 축복이 있길 바라며 진심으로 졸업을 축하합니다."

언젠가 '졸업생 환송회'에서 그 쑥스러운 '교수님 말씀'을 기대하는 학생들에게 내가 한 말이다. 며칠 전 4학년 학생들이 교생실습을 하고 돌아왔다. 밤늦게까지 자료를 만들고 수업준비하느라 고생을 많이 하였다. 남 보기엔 아이들 데리고 그저 노래하고 춤추고 놀아 주는 것이 유치원 교사 같지만, 논리적이고 형식적인 사고 이전의 아이들에게 그들 수준에 맞는 개념을 즐거운 활동이나 놀이를 통하여 전달한다는 것은 남모르는 노력이 필요한 일이다. 그래서 "수업준비에 기울이는 정성이 내일 나의 교실을 호기심과 진지함에 넘치도록 할 수만 있다면……." 하는 마음으로 철저히 준비하다 보면 으레 별을 보고 퇴근하기가 일쑤이다.

학생들은 어려웠던 점을 하소연하듯 늘어놓다가도 "그래도 이제 조금 자신이 생긴 것도 같고 또 두려움도 있어요."라고 말한다. '어렴풋한 기대와 자신감 그리고 떨리는 두려움'이

말은 내가 실습을 다녀온 학생들에게서 기다리던 바로 그 말이기도 하다. 다소 안심이 되면서, 걱정이 되기 시작한다. 저 마음을 우리가 평생 간직하며 살아야 할 텐데. 옳지, 이번 졸업생 환송회 때에는 이 말을 되새겨 봐야겠다. 우리 모두가 함께 다짐하는 의미에서.

이제 한 학기밖에 남지 않았다고 아쉬워 하는 4학년 학생들. 2학기가 되면 무엇인지 붙잡지 못하는 불안한 마음으로 바쁠 학생들의 모습은 가르치는 길을 택한 나 자신을 돌이켜 보게 한다.

전쟁터에서와 같은 감격스러운 스승의 모습을 떠올리며 머지않아 교직의 길을 가게 될 후배 식구들에게 대학의 마지막 학기가 보다 소중한 것으로 남길 기원한다.

❖ 졸업의 의미 되새기는 졸업식장

'졸업시즌' 이라는 2월이 지나가고 있다. 졸업은 분명 정해진 과정을 마침과 동시에 보다 큰 세계로 가기 위한 시작이다. 그러나 이 시기에 가장 안타까운 일 중 하나는 대학의 졸업식장에 졸업생의 자리가 많이 비어 있는 일이다. 이처럼 졸업식장 안에 들어가지 않는 이유를 학생들에게 묻는다. 하나같이 형식이 뭐 그리 중요하냐는 반응이다. 상 받는 학생들만 간다거나 주변 친구들이 가지 않기 때문에, 그저 이유 없이 가지 않는다고도 한다. 언젠가 4학년 종강시간에 다음과 같이 이야기한 기억이 있다.

사람의 삶은 어찌 보면 굴곡이 많은 것 같으면서도 일상적인 일의 연속선상에 놓여 있다. 이 일상적이고 평범한 과정에서, 우리는 의미를 찾아 자신을 되돌아보고 시작과 매듭을 짓기도 하며 살아가는 일을 몇 개의 단락으로 구분하기도 한다. 유아기, 청년기, 노년기와 같은 시기의 구분이 그러하며 결혼식, 생일잔치 등 특별한 기념일 역시 마찬가지이다.

졸업식은 졸업이라는 형식을 통하여 자신이 다닌 학교, 전공학문, 교수, 선후배, 동료와의 만남에서 보이지 않는 사상이나 미지의 세계와의 만남에 이르기까지, 그 유대와 결속을 다지며 함께 지내온 시간의 의미를 되돌아보게 해 준다. 나아가 소중했던 내용을 또 다른 세계로 발돋움할 수 있도록 정리하고 새 출발하는 의식이기도 하다.

우리는 흔히 형식이 중요하지 않다고 말한다. 형식에 치우쳐서는 안 되겠지만 내용이 중요하기 때문에 형식이라는 보자기로 곱게 싸고 포장하는 것이다. 형식은 어찌 보면 껍데기에 불과하지만 소중한 내용을 흐리거나 없애지 않고 변하지 않도록 담아 두는 그릇이기도 하다. 그래서 귀중한 것일수록 마음을 담아 정성껏 포장하는 것이며, 포장이 내용에 비해 지나치면 과대포장이라 한다.

대학 입학 때 이루고자 한 꿈을 얼마나 이루었으며 그 꿈을 위하여 얼마나 땀을 흘렸는가? 땀 흘린 뒤에 얻는 자유는 결코 꿈이나 환상이 아닌 성실의 대가였음을 기억하자. 그리고 지나온 4년의 대학생활이 정말 소중했다면 소중한 만큼 그것을 하나의 매듭으로 아름답게 승화시키고 새로운 출발을 해야 할 것이다. 앞으로의 출발이 어떤 종류의 것이든 또 지나온 시간이 본인에게 크게 소중하지 않았다고 느낄지라도 분명 자기 삶에 투영된 한 부분이었음을 부인하지는 못할 것이다. 졸업식은 자기가 살아온 삶의 한 부분을 인정하고 수용하는 소중한 성장과 만남으로 상징된다. 그래서 섬마을 도서벽지의 졸업생이 1명뿐인 졸업식도, 대도시의 수천 명의 졸업식도 나름대로 의미가 있는 것이다.

물론, 의례적이고 겉치레와 같은 행사가 되지 않도록 졸업식장의 다양한 프로그램을 모색하고 문화를 서서히 가꾸어 가는 일도 우리의 몫이다. 지난 시간을 회고하고 품에 안아 보며 더 높이 날고자 도약하는 삶의 장으로 정리될 수 있도록 대학의 학위수여식 문화에 보다 관심을 가져야 할 때이다. 모 대학 학위수여식에서 총장님이 졸업생 전원에게 직접 졸업장을 수여키로 하여 화제가 되고 있다. 이 역시 이러한 문화를 가꾸기 위한 노력의 하나로 볼 수 있다. 그런 의미에서 올 졸업식에는 식장 밖에서 사진 찍기에만 바쁠 게 아니라 식장의 자기자리에 주인공이 되어 착실히 앉아 주기를 기대한다.

작은 생각의 시간을 가졌던 그 이듬해 졸업식에 우리과 학생들이 모두 제자리에 참석했다는 반가운 소식을 들었다. 기쁘고 고마웠던 기억을 꺼내 보게 되는 2월은, 교육이 무엇인지 때때로 회의에 가득 찬 나의 심사를 살며시 쓰다듬어 주고 희망의 3월을 맞이하게 해 준다.

저자소개

■ 김영옥(金英玉) 전남대학교 유아교육과 교수

• 학력

이화여자대학교 교육학과 졸업(문학사)

이화여자대학교 대학원 교육학과 유아교육전공 졸업(문학석사)

미국 밴더빌트대학교(Peabody) 유아교육전공 졸업(교육학박사: Kappa Delta Pi 수상)

• 주요 경력

現) OMEP(세계유아교육기구) 한국위원회 회장

　　대통령자문 교육혁신위원회 전문위원

前) 한국유아교육학회 회장

　　대통령자문 고령화미래사회위원회 전문위원

　　미국 보스턴대학교 객원학자(Visiting Scholar)

　　미국 밴더빌트대학교 부모교육센터 객원학자(Visiting Scholar)

　　한국유아교육학회 이사 · 광주전남지회 회장

　　한국유아교육학회 국제학술지(IJECE) 편집위원장

　　교육인적자원부 시도교육청 평가위원 · 주요업무 평가위원

　　교육인적자원부 교육과정심의회 위원 · 유치원교육과정 개발위원

　　CTS영유아문화원 전문위원

　　삼성복지재단 삼성어린이집 자문교수

　　서울시보육정보센터 상담교수

　　광주광역시 보육위원

　　이화여자대학교 부속이화유치원 연구교사

• 주요 저서

유아교육학의 이해(공저, 양서원, 2005)

유아를 위한 견학활동(공저, 창지사, 2003)

유아를 위한 다문화 교육(정민사, 2002)

유아협동활동의 현장적용(공저, 양서원, 2001)

유아사회교육(공저, 양서원, 2000)

유아를 위한 부모교육(공저, 동문사, 1999)

아이들의 생각에 날개를 달아주자(학지사, 1997)

대답을 기다리자(양서원, 1992, 2001) 외 다수

아이들아 네 꿈은 무엇이니?

2007년 1월 10일 1판 1쇄 발행
2010년 3월 20일 1판 5쇄 발행

지은이 | 김영옥
펴낸이 | 김진환
펴낸곳 | ㈜ 학지사 · 이너북스

121-837 서울시 마포구 서교동 352-29 마인드월드빌딩 5층
대표전화_ 02-330-5114   팩스_ 02-324-2345
등 록 | 2006년 11월 13일 제313-2006-000238호
홈페이지 | www.innerbooks.co.kr

ISBN 978-89-958872-5-7 03370

가격 8,900원

• 저자와의 협약으로 인지는 생략합니다.
• 파본은 구입처에서 바꾸어 드립니다.

• 이 책을 무단 전재 또는 복제 행위 시 저작권법에 따라 처벌을 받게 됩니다.

※ 이너북스는 학지사의 자매회사입니다.

마음을 치유하는 책, 이너북스

이너북스는 학지사의 자매회사입니다.
http://www.innerbooks.co.kr

심리학이라는 이름을 달고 나오는 책은 많습니다.
너무 많아서 진짜인지 아닌지 모를 수많은 심리학 이야기들…
신뢰 받는 전문서적 출판사 학지사가 만들면 다릅니다.
쉽고 친근하게 만날 수 있는 심리학 이야기,
이너북스에서 만듭니다.

한국인의 문화와 정서에 맞춘
대화의 심리학 시리즈

대인관계의 심리학
홍경자 저 | 232면 | 신국판 |

관계를 만드는 대화의 기술

사람을 회피하고 두려워하는 것처럼 보이는 사람
도 마음속으로는 친밀한 인간관계를 갈망한다. 다
만 사람을 사귀는 일에 스트레스를 받고, 어떻게
다가가야 할지 구체적인 요령을 알지 못할 뿐이다.
혹시 상대방에게 거절당하지는 않을까? 바보처럼
보이지는 않을까? 건방지게 보이지 않을까? 그들
은 바로 이런 두려움을 가지고 있다.

자기주장의 심리학
홍경자 저 | 212면 | 신국판 |

리더가 되는 대화의 기술

상대방에게 억눌리지도 않고, 화를 내거나 상대방을 위협하지도 않으면서 서로간에 허심탄회하게 할 말을 하고 인격적으로 좋은 관계를 유지하는 방법을 사례를 들어 소개하였다. 하고 싶은 말을 시원하게 하는 방법과 확신과 배짱을 가지고 자기의 존엄성을 지키며 상대방을 배려하는 기술, 특히 세련된 방법으로 부탁하고, 거절하며, 비판하고, 비평받는 기술을 체득할 수 있다.

의사소통의 심리학
홍경자 저 | 208면 | 신국판 |

소통을 이루는 대화의 기술

의사소통은 어떻게 이루어지는가? 각 개인이 보이는 대화방식의 특징은 무엇이며 어떤 문제점을 안고 있는가? 기분 좋은 관계를 맺고 갈등과 의견대립을 풀어 나가는 참신한 대화의 기술에는 어떤 것이 있는가? 분노의 감정을 통제하고 관리하는 요령은 무엇인가? 마음이 통하고 갈등과 문제점을 건설적으로 해결해 나가는 방향으로 대화하려면 어떠한 기술이 필요할까? 이 책에서는 이에 대한 개념과 실제 기술을 소개하였다.